Omas Leckereien

Landbuch
Verlag Hannover

Impressum:

Omas Leckereien (Landküche). – 1. Auflage –
Hannover: Landbuch Verlag Hannover, 2003.
Traute Behre, Luise Wolfram

ISBN 3-7842-0634-4

1. Auflage 2003

Postfach 160, 30001 Hannover
Kabelkamp 6, 30179 Hannover
Tel.: 0511/ 270 46-0
Fax: 0511/ 270 46-150
buch@landbuch.de
www.landbuch.de
In Auszügen aus:
„les desserts de nos grands-mères“

Aleth Thomas und Stéphanie Gentilini

Alle in diesem Buch enthaltenen Angaben, Daten, Ergebnisse etc. wurden von den Autoren nach bestem Wissen erstellt und von ihnen und dem Verlag mit größtmöglicher Sorgfalt überprüft. Eine Verantwortung und Haftung für etwaige inhaltliche Unrichtigkeiten kann jedoch nicht übernommen werden. Der Haftungsausschluss gilt nicht, soweit nach dem Produkthaftungsgesetz für Personen- und Sachschäden gehaftet wird.
Jeder Leser muss beim Umgang mit den genannten Stoffen, Materialien, Geräten usw. Vorsicht walten lassen, Gebrauchsanweisungen und Herstellerhinweise beachten sowie den Zugang für Unbefugte verhindern.

Produktionsleitung: Dieter Brodbeck, Landbuch Verlag Hannover
Redaktion: Ulrike Clever, Landbuch Verlag Hannover
Rezept-Fotos: André Chales de Beaulieu, Hannover und Edition Rustica, Paris
Food-Styling: Thomas Lauterbach, Hamburg
Reportage-Fotos: Mario Neitzke
Freisteller-Fotos: PhotoDisc, MEV, Fotoclip
Gestaltung: DRAG 'N DROP Hannover · www.drag-n-drop.de
Druck: J. P. Himmer GmbH & Co.KG, Augsburg
Gesamtherstellung: Landbuch Verlag GmbH, Hannover

ISBN 3-7842-0634-4

Liebe Landküchen-Liebhaber!

Dieser vorliegende Band „Omas Leckereien" aus der beliebten Reihe der Landküchentitel will das Handwerk der Süßspeisen nach klassischer Art wieder in Erinnerung rufen. Angesichts mancher Verunsicherungen auf dem heutigen Ernährungssektor geht der Blick selbstverständlich auch zurück in die Zeit unserer Großmütter. Wie haben sie denn früher die Obstgrütze, die Soufflés oder die eisigen Köstlichkeiten zubereitet? Wie sind sie eigentlich ohne Fertigpulver aus Tüten oder Päckchen ausgekommen?

Die Autorinnen haben eine Vielfalt erprobter Rezepte zusammengestellt, die Ihnen die vielen Möglichkeiten der kalten und warmen, der cremigen und fruchtigen Desserts, der einfachen und anspruchsvollen Herstellungsweisen zeigen möchten. Dabei geht der Blick auch gelegentlich über Deutschlands Zaun hinweg, nach Russland und England, besonders aber nach Frankreich, dem klassischen Land der exquisiten Küche.

Kein Grund zur Besorgnis beim Gebrauch dieses Buches: Verständliche Definitionen, grundsätzliche arbeitstechnische Anleitungen sowie viele Tipps und Bilder helfen Ihnen zum Erfolg!

Was zu Großmutters Zeiten noch selbstverständlich war: im ländlichen Großfamilienhaushalt halfen die Generationen einander, so auch bei der Essenszubereitung. Kinder wurden auch mit echten Aufgaben betraut, wuchsen in die verantwortliche Küchenarbeit unmerklich hinein. Bei den ausgewählten Rezepten lässt sich auch heute der Nachwuchs mit einspannen, es wird allen Beteiligten Spaß machen, zumal es sich hier um die süßen Köstlichkeiten handelt!

Die Autorinnen dieses Buches, Traute Behre und Luise Wolfram, kennen sich schon seit einigen Jahrzehnten, haben zusammen die Prüfung „Meisterin der städtischen Hauswirtschaft" absolviert, waren jahrelang in verschiedenen Prüfungsausschüssen der Landwirtschaftskammer tätig, sind beide über viele Jahre als Lehrerinnen im Schuldienst gewesen und hatten beide als Berufstätige einen Haushalt mit jeweils drei Kindern zu versorgen.

Seit mehreren Monaten im Ruhestand, fanden sie die Zeit, sich mit den „Süßen Köstlichkeiten" genauer zu befassen und wünschen viel Spaß und Erfolg beim Ausprobieren.

Einführung

„Gibt es bei euch eigentlich jeden Tag Nachtisch?“ wundert sich die Nachbarin. „Aber selbstverständlich! Das ist doch das Tüpfelchen auf dem »i« !“

Zu Großmutters Zeiten gab es nicht täglich Nachtisch, die wirtschaftlich-finanzielle Situation vieler Familien ließ solchen „Luxus“ nicht zu. Trotzdem – oder gerade deswegen – sind aus Großmutters Zeiten viele süße Leckereien überliefert. In Tagebüchern aus den schlechten Zeiten in oder nach Kriegen werden die seltenen Köstlichkeiten oft mit ganz besonderem Lob bedacht. Die kleine raffinierte Zugabe nach der Mahlzeit, die verlockende Köstlichkeit, die besondere „Gaumenfreude“, – darauf will eigentlich niemand verzichten.

Meistens sind es Männer und die Kinder, die mehr oder weniger lautstark nach dem Nachtisch fragen. Am soeben gedeckten Mittagstisch spekulieren sie auf die entsprechenden Bestecke, die sogenannten „prophetischen Löffel“, die noch Besonderes verheißen.

Die tollen Leckereien haben so eine blasse Bezeichnung wie „Nachtisch“ eigentlich nicht verdient: Sie werden zwar meist als letzter Gang des Menüs aufgetischt („Nach-Tisch“), aber ein Anhängsel, ein Nachklatsch auf die Fülle der übrigen Mahlzeit sind sie nun wirklich nicht! Sie sind vielmehr die Erinnerung an ein gutes Essen, runden das Ganze ab, sind der besondere Duft und Geschmack, der noch mitgeht, wenn alles andere schon verblasst ist.

Jedes festliche Buffet hat seine besondere „süße Ecke“, an der kein Gast dem Angebot widerstehen kann, nicht zuletzt wegen des gediegenen Arrangements von Früchten, Cremes, Milch- oder Eisspezialitäten.
„Das Auge will auch mitessen.“ Gerade bei den Desserts haben die Küchenchefs diesen Aufruf längst gehört und überbieten sich in fantasievollen Serviervorschlägen.

Die kluge Hausfrau entdeckt für ihre tägliche Essenszubereitung die Desserts immer wieder neu: Da wird etwa das quengelnde Kind zum Essen der Suppe gelockt, damit es danach noch seinen Lieblingspudding als Belohnung erhält; mancher Kranke hat über kleinen gesunden Köstlichkeiten den normalen Appetit wiedergefunden.

Die kleine Leckerei z.B. aus Obst, Teig, Milch kann zu einer appetitanregenden und bekömmlichen Zwischenmahlzeit werden.
Die Obstschwemme des Gartens, die saure Milch oder etwa das letzte Stück vom Schwarzbrot: in erprobten Rezepten wird aus gerade Vorhandenem ein gelungenes Dessert gezaubert.
Nachtisch als Ausgleich: Die leichte Hauptmahlzeit wird gekrönt durch eine kalorienreiche opulente Nachspeise, oder umgekehrt: Das üppige Menü erhält ein leichtes lockeres „Finale“. Der fehlende frische Salat des Hauptgerichts wird ausgeglichen etwa durch die Kreation eines Obstdesserts.

„Gibt es bei euch jeden Tag Nachtisch?“

So fragt die Nachbarin nicht mehr, wenn sie dieses Buch in die Hand bekommen hat. Stattdessen wird sie sich selbst und ihre Familie fragen:

„Welchen Nachtisch nehmen wir denn heute?

Rund um die Dessertküche

Tipps zum Verarbeiten von Obst

In der Küche sollten nur vollreife Früchte verwendet werden, denn nur sie entfalten ganz ihre typischen Aroma- und Geschmacksstoffe und sie benötigen auch weniger Zucker.

Obst sollte nur kurzfristig gelagert werden, weil es schnell fault und von Schimmelpilzen besiedelt wird. Lange Lagerung bedeutet hohen Vitamin- und Mineralstoffverlust.

Obst sollte immer nur im Ganzen gewaschen werden, denn viele Schnittflächen begünstigen schnelles Auslaugen wertvoller Vitamin- und Mineralstoffe.

Das schnelle Braunwerden von manchen Obstsorten (wie z.B. Äpfel, Bananen, Birnen) kann verhindert werden, indem wir sie mit Zitronensaft beträufeln. Am vorteilhaftesten ist es, Obst nur dann zu kaufen, wenn die Früchte ihre Erntesaison haben.

Was Sie über Gelatine wissen sollten

Gelatine ist ein Naturprodukt. Sie wird aus dem tierischen Eiweißstoff Kollagen gewonnen. Der hat die Eigenschaft, sich in feuchter Hitze zu lösen und beim Erkalten Flüssigkeiten an sich zu binden. Gelatine ist kalorienarm, geschmacksneutral und leicht verdaulich. Sie verschafft ein Sättigungsgefühl, ohne dabei den Organismus zu belasten.
Der Handel hält zwei Arten von Gelatine bereit: Blattgelatine farblos und rot sowie gemahlene Gelatine farblos und rot. Gelatine sollte trocken und in luftdichten Dosen gelagert werden.

So verarbeiten Sie Gelatine problemlos:

Gelatine 5 Minuten in kaltem Wasser einweichen.
Gut ausdrücken.
In heißer Flüssigkeit (60 °C) auflösen. Auf keinen Fall kochen, weil sie sonst ihre Gelierkraft verliert. Aufgelöste Gelatine nie in eiskalte Speisen geben, es kommt zu unerwünschter Klümpchenbildung.

Gelatine bei der Verarbeitung mit Cremes:

Hier ist es ein wenig schwierig, denn Sie müssen den genauen Zeitpunkt im Gelierprozess finden, zu dem Sie die geschlagene Sahne oder den Eischnee unterziehen. Wählen Sie den Zeitpunkt zu früh, setzen sich Geliermasse und Schnee voneinander ab, wählen Sie ihn zu spät, verbinden sich Geliermasse und Schnee nur unzureichend. Den genauen Zeitpunkt stellen Sie folgendermaßen fest: Wenn Sie die Geliermasse mit einem Löffel durchziehen, muss eine „Straße" oder „Furche" zurückbleiben. Man sagt auch, die Creme ist „tragfähig" geworden.

Es ist zu empfehlen, Gelatinespeise schon am Vortag herzustellen, denn dann ist sie gut ausgeliert.

Was Sie bei der Herstellung von Gelatinespeisen berücksichtigen sollten:

Manche rohen Früchte wie Kiwis, Ananas und Papayas vertragen sich nicht mit Gelatine, da sie ein eiweißspaltendes Enzym enthalten. Im gegarten Zustand können sie aber ohne weiteres mit Gelatine bereitet werden, denn da ist das Enzym nicht mehr vorhanden.

Soll eine Gelatinespeise gestürzt werden, halten Sie die Form kurz in heißes Wasser und lösen den Rand vorsichtig mit einem spitzen Messer, dann trennen sich problemlos Geliergut und Form.

Gelatinemengen, die Sie für bestimmte Speisen benötigen:

Für gestürzte Geleespeisen rechnet man 7-8 Blatt Gelatine oder 12 g gemahlene Gelatine auf $1/2$ l Flüssigkeit oder auf 500 g einer Masse.
für Gelees, die nicht gestürzt werden oder für Cremes nimmt man 5-6 Blatt oder 9-10 g gemahlene Gelatine.
6 Blatt entsprechen 10 g gemahlener Gelatine.
Blattgelatine lässt sich leichter portionieren als gemahlene.

Herstellen eines Wasserbades zum Abschlagen von Cremes und Saucen:

Vielen luftigen Desserts wird der direkte Kontakt zur Herdplatte zu heiß, besonders, wenn sie mit Eiern und Sahne zubereitet werden. Sie werden deshalb im Wasserbad schonend bereitet.
In einem weiten Topf wird etwa $1/2$ l Wasser zum Kochen gebracht, dann schalten wir die Temperatur auf die mittlere Stufe zurück.
In diesen Topf hängen wir eine passende Schüssel; sie muss groß genug gewählt werden, denn das Volumen der Masse verdoppelt sich oftmals.
Mit einem elektrischen Handrührgerät oder einem Schneebesen schlagen wir so lange, bis die Masse dicklich wird.
Je höher der Zuckeranteil, desto fester wird die Speise.

Garen von Pudding im Wasserbad:

Ein „echter" Pudding wird in einer fest verschlossenen Form immer im Wasserbad gegart. Form und Deckel müssen sehr gut ausgefettet und mit Paniermehl ausgestreut werden, dann lässt er sich nach dem Garen leichter stürzen.
Die Puddingform nur zu füllen und das Füllgut fest andrücken (ohne Hohlräume). Die Form muss sicher auf dem Boden des Kochtopfes stehen.
Das Wasser im Kochtopf sollte nicht höher als 2 cm unter dem Rand der Puddingform sein, denn nur so ist gewährleistet, dass es nicht in die Form läuft.
Nach der Garzeit nehmen wir die Form aus dem Wasser und lassen sie 10-15 Minuten stehen, (diese Zeit können Sie verkürzen, indem Sie ein kaltes nasses Tuch über die Form legen) dann erst öffnen wir den Deckel zum Abdampfen. Wenn Sie alle diese Schritte genau einhalten, löst sich der Pudding mühelos aus der Form.

Feuerzauber: Flambieren:

Unter Flambieren verstehen wir folgenden Vorgang: Man übergießt Speisen mit hochprozentigem Alkohol, zündet ihn an und lässt ihn dann abbrennen. Dies kann einmal am Tisch mit einer Flambierpfanne oder einer Edelstahlpfanne auf einem Rechaud stattfinden. Das Flambiergut wird in der Pfanne angezündet und dann auf Portionstellern verteilt. (z.B. Flambierte Honig-Apfelsinen). Oder aber man übergießt die Speisen mit Alkohol und lässt ihn dann abbrennen (z.B. Plumpudding).

Das sollten Sie beim Flambieren beachten:

Je hochprozentiger der Alkohol, desto besser brennt er (mindestens 40 %, besser noch 50 %). Das Flambiergut muss gar und heiß sein, bevor es flambiert wird.
Für Desserts sind hochprozentige Liköre angebracht (z.B. Cointreau oder Grand Marnier), aber auch Rum, Weinbrand oder Obstwässer sind zu verwenden.
Leicht erwärmter Alkohol entzündet sich besser als kalter Zucker und Butter erhöhen die Flammenbildung. Den Alkohol niemals aus der Flasche auf das Flambiergut gießen, gut geeignet ist eine Schöpfkelle mit langem Stiel. Die Flamme löschen wir durch Zugabe von Flüssigkeit (z.B. Saft oder Sahne).

Karamellisieren:

Karamellisieren nennt man das Schmelzen und Bräunen von Zuckerarten (Haushaltszucker, Puderzucker, Brauner Zucker) unter ständigem Rühren. Ist der gewünschte Bräunungsgrad erreicht, wird der Karamell mit einer Flüssigkeit abgelöscht.

Was Sie beim Karamellisieren beachten sollten:

Zum Karamellisieren dunkle Pfanne oder dunklen Topf verwenden, der Zucker bräunt darin schneller (kein Teflongeschirr und keinen Kunststofflöffel nehmen).
Zucker erst dann rühren, wenn er gelblich wird, dazu einen Holzlöffel benützen. Flüssigkeit beim Ablöschen nur von der Seite zugießen (Spritz- und Verbrennungsgefahr).

Mengenangaben für Süßspeisen, bezogen auf 4 Personen

Flammeri	1/2 l Flüssigkeit
Cremespeise	1/2 l Flüssikeit
Gelee	1/2 l
Obstsalat	750 g Früchte
Kompott	500-750 g Früchte
Obstgrütze	1/2 l Flüssigkeit oder 750 g Früchte
Eisspeise	1/4 l Flüssigkeit oder 500 g Früchte

Bräunungsgrad des Zuckers beachten:

Ist er zu hell, ergibt es nur einen faden Geschmack; ist er zu dunkel, schmeckt der Karamell bitter, da sich der Zucker in Kohlenstoff umgewandelt hat.
Eine schöne braune Farbe ergibt geschmacklich das beste Ergebnis!

Legieren

Zur Geschmacksabrundung, aber auch um sie sämig zu machen, verfeinern wir manche gegarte Speise mit Eigelb. Diesen Vorgang nennen wir Legieren.

Dieses sollten Sie beim Legieren beachten:

Eigelb verrühren, dann einen Teil der heißen Speise darunter rühren und anschließend alles zu der nicht mehr kochenden Masse geben (so kann das Eigelb nicht gerinnen).
Bei manchen Gerichten lassen sich Binden und Legieren zusammenfassen, dann verquirlen wir Speisestärke, Eigelb und etwas kalte Flüssigkeit miteinander und rühren dies in die kochende Flüssigkeit ein; der hohe Anteil der Speisestärke verhindert das Gerinnen des Eigelbs.

Die wichtigsten Abkürzungen für Maßeinheiten:

Die Abkürzungen beziehen sich sowohl auf den Begriff im Singular als auch im Plural. Soweit nicht anders angegeben sind unter einem Esslöffel und einem Teelöffel stets ein gestrichener zu verstehen.

B.	Becher	ger.	gerieben	Msp.	Messerspitze(n)
Bd.	Bund	geröst.	geröstet	Pck.	Paket / Päckchen
Bl.	Blatt / Blättchen	ges.	gesalzen	Pr.	Prise
EL	Esslöffel	geschl.	geschlagen	Stg.	Stange
fr.	frisch	geschr.	geschrotet	Stgl.	Stängel
geh.	gehäuft bzw.	gestr.	gestrichen	T	Tasse
	gehackt	getr.	getrocknet	TK	Tiefkühl
gek.	gekocht	gew.	gewürfelt	TL	Teelöffel
gem.	gemahlen	ggf.	gegebenenfalls	tr.	trocken
gepr.	gepresst	gr.	große(r)	Tr.	Tropfen

Löffelmaße

Produkt	Esslöffel gestrichen	Gewicht abgerundet	Teelöffel gestrichen	Gewicht abgerundet
Backpulver	1 EL	10 g	1 TL	3 g
Gelatine (gem).	1 EL	10 g	1 TL	3 g
Grieß	1 EL	12 g	1 TL	3 g
Kaffee (gem.)	1 EL	6 g	1 TL	2 g
Kakao	1 EL	6 g	1 TL	2 g
Mehl	1 EL	10 g	1 TL	3 g
Paniermehl	1 EL	8 g	1 TL	2 g
Puderzucker	1 EL	10 g	1 TL	3 g
Salz	1 EL	15 g	1 TL	5 g
Speisestärke	1 EL	9 g	1 TL	3 g
Tee	1 EL	6 g	1 TL	2 g
Zucker	1 EL	15 g	1 TL	5 g

Umrechnungstabelle für Maße und Gewichte

1 kg	=	1000 g	1 l	=	1000 ml
$^3/_4$ kg	=	750 g	$^3/_4$ l	=	750 ml
$^1/_2$ kg	=	500 g	$^1/_2$ l	=	500 ml
$^1/_4$ kg	=	250 g	$^1/_4$ l	=	250 ml
$^1/_8$ kg	=	125 g	$^1/_8$ l	=	125 ml

1 l = 100 cl = 10 dl

Obst und Kompott

Obst ist ein Sammelbegriff für alle essbaren Früchte. Frisches reifes Obst lässt sich als Vitamin- und Mineralstoffspender aus unserem Speiseplan nicht mehr wegdenken. Man schätzt es als gesunde Ergänzung oder als Abschluss vieler Mahlzeiten. Die vielfältigen Duft- und Geschmacksstoffe wie auch die Farbe sind appetitanregend. Wir sollten Obst immer dann einsetzen, wenn Saison für die entsprechende Frucht ist, denn dann ist sie frisch und preiswert.
Zu lange Lagerung reduziert den Vitamingehalt drastisch, der Geschmack wird fade und das Aussehen der Früchte wird unansehnlich.

Kompotte

Als Kompotte bezeichnen wir gedünstetes Obst, das nach dem Garprozess seine Struktur noch erhalten soll. Für Kompotte eignen sich folgende Früchte besonders gut: Kirschen, Mirabellen, Pflaumen, Zwetschgen, Rhabarber, Birnen, Aprikosen, Pfirsiche.
Für 4 Personen rechnet man für einen Obstsalat 750 g Früchte, für Kompott rechnet man etwa 500–750 g.

Beerensalat

Zubereitung:

① Das gewaschene und vorbereitete Obst mit dem Zucker vermischen und 30 Min. durchziehen lassen.

Tipp: Falls keine Kinder mitessen, kann man 3 EL Himbeergeist oder 3 EL Cassislikör zum Parfümieren darüber geben.

Serviervorschlag:
Auf Dessertteller portionieren und mit Schlagsahne verzieren.

Zutaten:
(für 6 Personen)

250 g Erdbeeren
250 g Himbeeren
100 g rote Johannisbeeren
100 g Blaubeeren
100 g Weintrauben
50 g Zucker

Birnensalat mit Brombeeren

Zubereitung:

① Zitronensaft, Portwein und Puderzucker gut miteinander verrühren.
② Birnen waschen, schälen, vierteln und entkernen, in feine Schnitze schneiden und zu der Zuckerlösung geben, die verhindert, dass sich die Birnen verfärben.
③ Pflaumen waschen, entsteinen, klein schneiden und zu den Birnen geben.
④ Brombeeren waschen, trocken tupfen, entkelchen und zu dem Birnensalat geben.
⑤ Salat auf 4 Dessertteller oder Schälchen verteilen.
⑥ Vanilleeis etwas antauen lassen, mit der Sahne cremig rühren und über den Salat verteilen, sofort servieren!

Zutaten:
(für 4 Personen)

Saft einer Zitrone
2 EL Puderzucker
4 EL weißer Portwein
2 reife Birnen
6 große rote Pflaumen
200 g Brombeeren
150 g Vanilleeis
5 EL süße Sahne

Quittenkompott

Zubereitung:

① Den grauen Filz trocken von den Früchten abreiben.
② Quitten in lauwarmem Wasser waschen, schälen, achteln und das Kerngehäuse entfernen.
③ Mit Wasser und Zucker ca. 45 Min. gar kochen.

Zutaten:
(für 4 Personen)

1 kg Quitten
1/2 l Wasser
80 g Zucker

Tipp: Wer einen etwas lieblicheren Geschmack bevorzugt, kann die Hälfte der Quitten durch Äpfel ersetzen.

Bratäpfel

Serviervorschlag:
Vanillesauce, Vanilleei
oder Schlagsahne.

Zutaten:
(für 4 Personen)

4 mittelgroße Äpfel
(Boskop, Cox Orange, Jonathan, Renetten)
40 g Marzipanrohmasse
1 EL Rosinen
2 EL Nusskerne
3 EL Rum
1 EL Butter

Zubereitung:

① Äpfel waschen und das Kerngehäuse ausstechen.
② Marzipan, Rosinen, Nüsse und Rum verkneten und in die Äpfel füllen.
③ Eine feuerfeste Form buttern und die Äpfel hineinsetzen.
④ Bei 200 °C ca. 20 Min. braten und heiß servieren

Gefüllte Melone

Zutaten:
(für 4 Personen)

1 Honigmelone
600 g Erdbeeren
2 große Apfelsinen
abger. Schale v.
1 unbehandelten Zitrone
1/8 l Marsalawein
50 g Zucker
300 ml Stracciatella-Eis

Zubereitung:

① Melone halbieren, entkernen und mit einem Kugelausstecher Bällchen formen.
② Apfelsinen schälen und filetieren.
③ Erdbeeren waschen und halbieren.
④ Obst in eine Schale füllen.
⑤ Marsalawein, Zitronenschale und Zucker verrühren und über die Früchte gießen und 15 Min. ziehen lassen.
⑥ Fruchtsalat abwechselnd mit Stracciatella-Eiskugeln in die Melonenhälften füllen, restliche Früchte in einer Glasschale servieren.

Kürbiskompott
mit Preiselbeeren

Zutaten:
(für 4–6 Personen)

500 g Kürbis
(vorbereitet gewogen)
500 g Preiselbeeren
(od. auch Cranberries)
100 g Zucker
1/4 l Wasser
abger. Schale v.
1/2 unbehandelten Zitrone

Zubereitung:

① Kürbis waschen, schälen und in Würfel schneiden.
② Preiselbeeren kurz waschen und abtropfen lassen, schlechte Früchte entfernen.
③ Kürbisstückchen, Preiselbeeren, Zucker, Wasser und Zitronengelb in einen Topf geben und etwa 15 Min. garen bis die Kürbisstückchen gar sind.

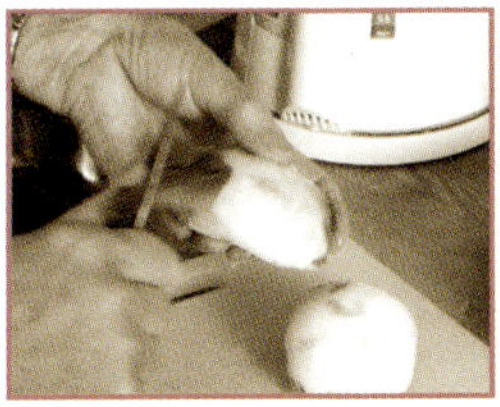

Gespickte Pfirsiche

Tipp: Mit Vanillesauce übergießen.

Zubereitung:

① Pfirsiche heiß überbrühen und die Schale abziehen, dann die Früchte halbieren und die Kerne entfernen.
② Wasser, Wein und Zucker zum Kochen bringen und die vorbereiteten Früchte hineingeben, nicht mehr kochen, sondern nur noch 10 Min. ziehen lassen.
③ Aus der Flüssigkeit nehmen und auf Dessertteller legen.
④ Mit Mandelstiften spicken, kalt werden lassen.

Zutaten:
(für 4 Personen)

4 Pfirsiche
40 g Mandelstifte
$^{1}/_{4}$ l Wasser
$^{1}/_{8}$ l Weißwein
40 g Zucker

Tipp: Dörrobstkompott kann man kalt oder heiß als Nachtisch oder zu Mehlspeisen (Reis, Grießflammeri, Klöße) servieren.

Dörrobstkompott
(Backobst)

Zubereitung:

① Dörrobst gründlich waschen und über Nacht im Kochwasser einweichen.
② Zimtstange, ein Stück Zitronenschale und Zucker zugeben.
③ Zugedeckt etwa 20 Min. weich kochen.

Zutaten:
(für 4 Personen)

250 g Dörrobst (getrocknete Pflaumen, Apfelringe, Birnen od. Aprikosen)
$^{1}/_{2}$ l Wasser
1 Stück Stangenzimt
Zitronenschale (unbehandelt)
60 g Zucker

Tipp: Kompotte nicht zu stark kochen, da sie sonst musig werden und ihren Eigengeschmack verlieren, sie sollten auch mit nur wenig Wasser gedünstet werden.

Honigapfelsinen, flambiert

Zutaten:
(für 4-5 Personen):
3 EL Honig
4 EL Wasser
5 mittelgroße Apfelsinen
60 g Haselnusskerne, gehackt
3 EL Rum (54%ig)

Tipp: Das Flambieren vor den Augen der Gäste ist besonders effektvoll.

Zubereitung:
① Honig und Wasser in einem Topf verrühren und aufkochen.
② Apfelsinen sorgfältig abschälen und in runde Scheiben schneiden, dabei ggf. entkernen.
③ Die Apfelsinenscheiben auf einer vorgewärmten flachen Schale anrichten und.
④ mit dem heißen Honigwasser begießen.
⑤ Mit den gehackten Nüssen bestreuen.
⑥ Den Rum erhitzen und gleichmäßig über die Früchte gießen, dann anzünden und den Alkohol vollends ausbrennen lassen, sofort servieren.

Tipp: Nicht verbrannter Alkohol beeinflusst das Aroma der Früchte.

Hagebuttenkompott

Zutaten:
1 kg Hagebutten (groß, rot und fest)
375 g Zucker
$1/2$ l Wasser

Zubereitung:
① Die Stiele stutzen.
② Die Früchte in einem Tuch hin und her reiben, um sie von den Stacheln zu befreien.
③ Die Spitzen der Früchte so weit abschneiden, dass man mit einem Draht oder einem Apfelstecher die Kerne entfernen kann.
④ Die Früchte waschen, einen Topf mit kochendem Wasser vorbereiten und die Hagebutten darin weich ziehen lassen.
⑤ Zum Abtropfen auf ein Sieb geben.
⑥ Den Zucker in dem $1/2$ l Wasser aufkochen, abschäumen, die vorbereiteten Hagebutten hineingeben und einmal kurz aufkochen lassen.
⑦ Das fertige Kompott in einer Glasschüssel auskühlen lassen und servieren.

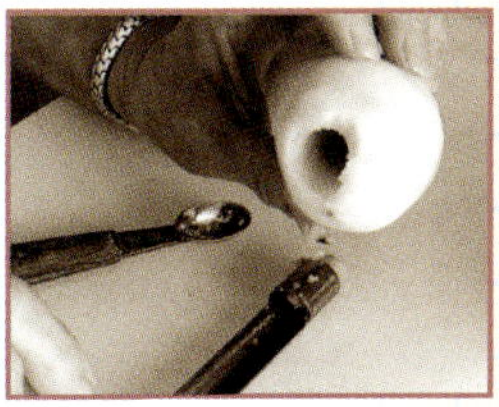

Birnen in Rotwein

Zubereitung:

① Birnen waschen, schälen (dabei aber die Stiele daran lassen), von der Blüte aus das Kerngehäuse mit einem Kernhausausstecher entfernen, die Birnen sofort mit Zitronensaft beträufeln, damit sie nicht braun werden.

② Wasser, Wein, Zucker und Johannisbeergelee zum Kochen bringen, die Birnen in die Flüssigkeit setzen und vorsichtig garen.

③ Birnen in eine Glasschale setzen oder auf einzelne Dessertteller stellen.

④ Die verbliebene Flüssigkeit mit Speisestärke andicken und gleichmäßig über die Birnen gießen. Die Konsistenz der Sauce muss so beschaffen sein, dass sie an den Birnen haften bleibt.

Zutaten:

(für 6 Personen)

6 feste, aber reife Birnen
Saft von 1 Zitrone
1/4 l Wasser
1/4 l Rotwein
100 g Zucker
2 EL rotes Johannisbeergelee
3 TL Speisestärke

Gelees

Gelees, im süddeutschen Bereich auch Sulzen genannt, sind Süßspeisen, deren Grundflüssigkeit Fruchtsäfte, Milch oder Joghurt sind und die mit Gelatine gebunden werden.

Rotweingelee mit Kirschen

Zutaten:
(für 4 Personen)

250 g entsteinte Kirschen
40 g Zucker
4 EL Kirschwasser
5 Blatt weiße Gelatine
1 Blatt rote Gelatine
$^1/_2$ l Rotwein

Zubereitung:

① Die Kirschen waschen, entsteinen und mit dem Zucker und Kirschwasser 15 Min. marinieren.
② Gelatine 5 Min. in kaltem Wasser einweichen.
③ Früchte in einem Sieb abtropfen lassen, den Saft auffangen, mit 5 EL Rotwein erhitzen und die ausgedrückte Gelatine darin auflösen.
④ Den restlichen Rotwein dazugeben.
⑤ Kirschen auf 4 Gläser verteilen und das Gelee darüber gießen, im Kühlschrank erstarren lassen.

Zitronengelee mit Melisse

Zutaten:
(für 4 Personen)

100 g Zucker
1 EL Wasser
Saft von 4 Zitronen
Etwa $^1/_4$ l Weißwein
10 Zitronenmelisseblättchen
$^1/_8$ l Sahne
4 kleine Zitronenmelissezweige

Zubereitung:

① Gelatine 5 Min. in kaltem Wasser einweichen.
② Wasser und Zucker sirupartig einkochen, dann mit dem Zitronensaft auffüllen und darin die ausgedrückte Gelatine auflösen.
③ Die Flüssigkeit mit Weißwein auf $^1/_2$ l auffüllen.
④ Wenn die Flüssigkeit zu gelieren beginnt, Zitronenmelisseblätter ganz oder geschnitten dazugeben und auf Dessertteller oder in Gläser füllen.
⑤ Mit Sahnetupfen und Melissenzweigen dekorieren.

Himbeeren in Cherrygelee

Zutaten:
(für 4 Personen)

500 g Himbeeren
2 EL Zitronensaft
$^1/_8$ l Cherry
60 g Zucker
6 Blatt weiße Gelatine
300 g Schmand
40 g Zucker
1 EL Cherry

Zubereitung:

① Himbeeren vorsichtig waschen und abtropfen lassen, die Hälfte der Himbeeren mit Zitronensaft, Cherry und Zucker 1 Std. marinieren.
② Die übrigen Himbeeren in 4 Förmchen oder Tassen füllen.
③ Die Gelatine 5 Min. in kaltem Wasser einweichen.
④ Marinierte Himbeeren unter Zugabe einer $^1/_2$ Tasse Wasser aufkochen und durch ein Sieb streichen.
⑤ In dem heißen Himbeersaft die gut ausgedrückte Gelatine auflösen.
⑥ Das Gelee etwas abkühlen lassen und gleichmäßig auf die Förmchen verteilen, bis zum vollständigen Ausgelieren (etwa 2 Std.) in den Kühlschrank stellen.
⑦ Nach dem Erstarren die Förmchen kurz in heißes Wasser tauchen und auf Dessertteller stürzen.
⑧ Aus Schmand, Zucker und Cherry eine Sauce rühren und über das Himbeergelee gießen.

Weintrauben in Gelee

Zutaten:
(für 4 Personen)

3 Blatt weiße Gelatine
$^{1}/_{4}$ l Süßwein
30 g Zucker
200 g helle Weintrauben
20 g Walnusskerne
10 g Rosinen
$^{1}/_{8}$ l schwarzer Tee
100 g Crème fraîche
1 Pck. Vanillezucker

Tipp: Es empfiehlt sich, das Gelee schon am Tag vorher herzustellen.

Zubereitung:

① $^{1}/_{8}$ l schwarzen Tee herstellen und Rosinen darin einweichen.
② Weintrauben waschen, halbieren, entkernen und in 4 Förmchen oder Tassen verteilen.
③ Walnüsse grob hacken und zu den Weintrauben geben.
④ Rosinen aus dem Tee nehmen, abtropfen lassen und ebenfalls zu den Trauben geben.
⑤ Gelatine in kaltem Wasser 5 Min. einweichen.
⑥ Weißwein mit Zucker aufkochen, ausgedrückte Gelatine darin auflösen und über die Früchte gießen, im Kühlschrank erstarren lassen.
⑦ Crème fraîche mit dem Vanillezucker verrühren und auf 4 Dessertteller verteilen, das Gelee auf die Teller stürzen

Tipp: Wenn Kinder mitessen, wird $^{1}/_{4}$ l Süßwein durch $^{1}/_{4}$ l hellen Traubensaft ausgetauscht

Johannisbeergelee

Zutaten:
(für 6 Personen)

350 g rote Johannisbeeren
$^{1}/_{2}$ l Wasser
$^{1}/_{4}$ l Rotwein
80 g Zucker
1 kleine Stange Zimt
12 Blatt weiße Gelatine

Tipp: Eine Weinschaumsauce dazu gereicht, macht es zu einer delikaten Nachspeise.

Zubereitung:

① Johannisbeeren waschen und von den Rispen abstreifen.
② 4 EL Früchte zurückbehalten.
③ Übrige Früchte mit Wasser, Rotwein und Zimtstange aufkochen und 10 Min. ziehen lassen.
④ Gelatine in kaltem Wasser 5 Min. einweichen.
⑤ Früchte durch ein Sieb streichen, um die Kerne zu entfernen.
⑥ Saft erneut erhitzen, Zucker einstreuen und die ausgedrückte Gelatine darin auflösen.
⑦ Den Saft in eine große Form oder zwei kleinere mit kaltem Wasser ausgespülte Formen gießen.
⑧ Wenn die Masse anfängt zu gelieren (dauert etwa 3 Std.), die zurückgestellten Johannisbeeren vorsichtig dazugeben und die Form im Kühlschrank erstarren lassen, danach auf einen großen Teller stürzen.

Gestürztes rotes Apfelgelee

Zubereitung:

① Äpfel waschen, schälen, das Kerngehäuse entfernen und in Stücke schneiden.

② Äpfel mit Wasser, Zucker, Zimt und Zitrone kochen, bis die Äpfel musig sind.

③ Gelatine 5 Min. in kaltem Wasser einweichen, ausdrücken und in dem heißen Apfelkompott auflösen.

④ Kompott in eine mit kaltem Wasser ausgespülte Form geben, erstarren lassen (am besten über Nacht), dann auf einen großen Dessertteller stürzen.

Serviervorschlag: Geleerand mit blättrigen Mandeln und Sahnetupfen verzieren und Vanillesauce dazureichen.

Zutaten:

(für 4 Personen)

500 g säuerliche Äpfel
$1/2$ l Wasser
80-100 g Zucker
1 Prise Zimt
Saft u. Schale v.
$1/2$ unbehandelte Zitrone
3 Blatt rote Gelatine
7 Blatt weiße Gelatine

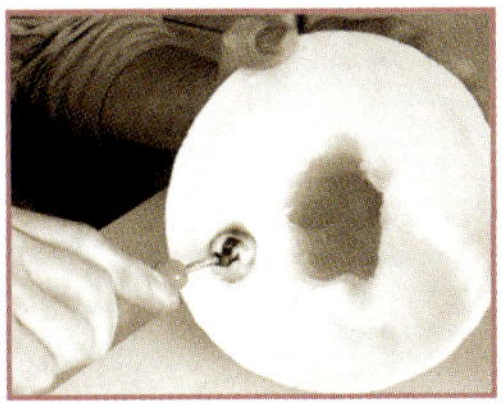
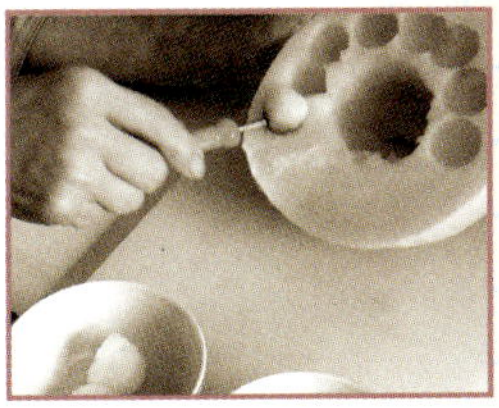

Minzgelee mit Melonenkugeln

Zubereitung:

① Pfefferminzblätter waschen, 10 Blätter zur Seite stellen, restliche Blätter mit dem kochenden Wasser übergießen und 10 Min. ziehen lassen.
② Gelatine 5 Min. in kaltem Wasser einweichen.
③ Tee durchsieben und in der heißen Flüssigkeit die Gelatine auflösen, dann mit Honig und Kardamom würzen.
④ Mit einem Kugelausstecher Bällchen aus der Melone formen, mit dem Zitronensaft und den restlichen Pfefferminzblättern mischen (ganz oder geschnitten) und auf 4 Förmchen oder Tassen gleichmäßig verteilen.
⑤ Die Geleeflüssigkeit darüber gießen und kalt stellen (etwa 6 Std.).
⑥ Nach dem Ausgelieren Förmchen kurz in heißes Wasser halten und stürzen.
⑦ Mit Melonenkugeln und Pfefferminzblättern garnieren

Zutaten:
(für 4 Personen)

60 g Pfefferminzblätter
1/2 l kochendes Wasser
3 EL Honig
1/4 TL Kardamom
6 Blatt weiße Gelatine
1/2 Honigmelone
2 EL Zitronensaft

Tipp: Eine Weinschaumsauce eignet sich besonders gut dazu.

Erdbeergelee

Zubereitung:

① Erdbeeren waschen, putzen und in Scheiben schneiden, mit Zucker und Zimt bestreuen und 1 Std. ziehen lassen.
② Die Hälfte der Früchte mit einer Gabel zerdrücken.
③ Gelatine 5 Min. in kaltem Wasser einweichen und ausdrücken.
④ Den Wein erhitzen und die Gelatine darin auflösen und in die Fruchtmasse einrühren.
⑤ Erdbeergelee in 4 Gläser oder Schälchen füllen und im Kühlschrank erstarren lassen.
⑥ Sahne mit Vanillezucker steif schlagen, in Spritzbeutel geben und das Gelee mit Sahnetupfen verzieren, Pistazien darüber streuen.

Zutaten:
(für 4 Personen)

500 g Erdbeeren
60 g Zucker
1 Prise Zimt
5 Blatt weiße Gelatine
1 Blatt rote Gelatine
1/8 l Weißwein
1/8 l Sahne
1 Pck. Vanillezucker
2 EL geh. Pistazien

Flammeris, Puddinge und Obstgrützen

Flammeri

Der ursprüngliche Name kommt aus dem Englischen und bedeutet: Mehlbrei. Im deutschen Sprachgebrauch verstehen wir unter einem Flammeri eine gekochte Süßspeise aus Milch oder Fruchtmark oder Fruchtsaft. Man bindet die Flüssigkeit mit Speisestärke, Grieß, Sago oder Reis. Um eine leichtere Konsistenz zu erreichen, legiert man den Flammeri mit Eigelb und lockert ihn mit Eischnee. Nach dem Erkalten kann er gestürzt und mit einer geschmacklich und farblich passenden Soße gereicht werden. Im Volksmund hat sich seit der Einführung des industriell hergestellten „Puddingpulver“ für einen Flammeri der Name Pudding eingebürgert.

Puddinge

Bei dem „echten“ Pudding handelt es sich um eine süße oder salzige Speise, die in einer geschlossenen Form im Wasserbad gegart wird und gestürzt warm oder kalt gegessen wird.

Obstgrützen

Für Obstgrützen verwenden wir gekochte Früchte oder Obstsaft, als Bindemittel nehmen wir Sago oder Stärkemehl. Vorzuziehen ist beim Obstsaft das Binden mit Sago, weil dieser eine körnige Struktur besitzt und das Produkt dem Namen Grütze damit eher gerecht wird.

Der Klassiker aus Omas Küche:

Grießflammeri

Zutaten:
(für 4 Personen)

1/2 l Milch
3 EL Zucker
1 Pck. Vanillezucker
1 Prise Salz
50 g Grieß
1 EL geh. Mandeln
1 frisches Ei

Zubereitung:

① Milch mit Zucker und Vanillezucker zum Kochen bringen.
② Grieß langsam unter Rühren einstreuen, aufkochen lassen.
③ Bei ausgeschalteter Herdplatte 5 Min. ausquellen lassen.
④ In der Zwischenzeit das Ei trennen und das Eiweiß steif schlagen.
⑤ Eigelb mit 2 EL Grießbrei mischen und unter die restliche Masse rühren.
⑥ Den Eischnee vorsichtig mit einem Schneebesen unter den heißen Grießbrei heben.
⑦ Den Brei in eine mit kaltem Wasser ausgespülte Form füllen und erkalten lassen.
⑧ Auf einen flachen Teller stürzen.

Tipp: Wer den Brei gerne geschmeidiger haben möchte, sollte 30 g Butter unterrühren.

Hinweis: Beim Unterheben des Eischnees sollte der Grießbrei mindestens noch 70 °C haben, bei geringerer Temperatur wird der Eischnee nicht gar und der Brei verflüssigt sich.

Serviervorschlag:
Mit Obstkompott umlegen oder mit Frucht- oder Schokoladensauce übergießen.

Vanilleflammeri

Zutaten:
(für 4 Personen)

$^1/_2$ l Milch
50 g Zucker
1 Prise Salz
40 g Speisestärke
$^1/_2$ Vanilleschote od.
1 Pck. Vanillezucker
1 Ei

Zubereitung:

① Das Ei trennen.
② Die Speisestärke mit 6 EL kalter Milch und dem Eigelb anrühren, die restliche Milch mit Zucker, Salz und der aufgeschlitzten Vanilleschote zum Kochen bringen.
③ Die angerührte Speisestärke in die kochende Flüssigkeit geben und kurz aufkochen lassen.
④ Eiweiß steif schlagen und mit einem Schneebesen locker unter den Flammeri ziehen.
⑤ Den Flammeri in eine Glasschale füllen oder in Portionsschälchen geben und erkalten lassen.

Serviervorschlag:
Gut geeignet sind Früchte, Fruchtsaucen, Schlagsahne oder Schokoladensauce.

Tipp: Man kann den heißen Flammeri auch über gefrorene Früchte geben.

Teeflammeri

Zutaten:
(für 4 Personen)

$^1/_2$ l schwarzer Tee
40 g Zucker
1 Pck. Vanillezucker
50 g Speisestärke
4 EL Wasser
1 Ei
200 g Sahne

Zubereitung:

① $^1/_2$ l schwarzen Tee bereiten.
② Ei trennen.
③ Tee mit Zucker und Vanillezucker zum Kochen bringen.
④ Speisestärke mit Wasser und Eigelb anrühren, in den kochenden Tee rühren und kurz aufkochen lassen.
⑤ Eiweiß steif schlagen und mit dem Schneebesen vorsichtig unter den Flammeri ziehen.
⑥ Den Flammeri erkalten lassen; damit sich keine Haut auf der Oberfläche bildet, decken wir sie mit einer Klarsichtfolie ab.
⑦ Sahne schlagen und vorsichtig unter den kalten Flammeri heben.

Serviervorschlag:
Mit Amarettinis und Sahnetupfen verzieren.

Plumpudding

Zubereitung:

① Die Brötchen in Wasser einweichen.
② Fett klein schneiden und schmelzen.
③ Äpfel waschen, schälen, Kerngehäuse entfernen und grob raspeln.
④ Brötchen gut ausdrücken und zerpflücken.
⑤ Alle Zutaten und Gewürze gut miteinander verkneten.
⑥ Die Form einfetten und mit Paniermehl ausstreuen.
⑦ Puddingform füllen und Masse fest drücken. Form schließen und ins kochende Wasserbad geben, etwa 2 1/2 Std. garen (je länger er kocht, desto dunkler wird er).
⑧ Den fertigen Pudding kurze Zeit stehen lassen, Rand lösen und auf einen Servierteller stürzen.
⑨ Zucker auf den Rand streuen und mit leicht erwärmtem Rum begießen, anzünden und brennend servieren.

Serviervorschlag:
Mit Rumsauce oder Weinschaumsauce reichen.

Zutaten:

100 g Kalbsnierenfett (Rindernierenfett od. Butter)
2 Brötchen
150 g Paniermehl
1 Prise Salz
80 g Zucker
50 g geh. Orangeat
50 g geh. Zitronat
65 g ger. Mandeln
125 g Sultaninen
65 g Korinthen
abger. Schale v. 1 unbehandelte Zitrone
1/2 TL Zimt
1/2 TL gem. Nelken
1 Prise Muskat
4 frische Eier
4 EL Milch
1 EL Rum
2 Äpfel
1 EL Butter für die Form
Paniermehl für die Form
1 EL Zucker und 1/8 l Rum (54 %) zum Flambieren

Tipp: Plumpudding ist, wenn er kühl gelagert wird, einige Wochen haltbar. Man sollte ihn dann noch einmal in der Form für etwa eine Stunde im Wasserbad erwärmen.

Mohr im Hemd

ein Klassiker der österreichischen Küche

Zubereitung:

① Kuvertüre im Wasserbad schmelzen.
② Butter schmelzen und mit etwa der Hälfte die Puddingform auspinseln
③ Eier trennen.
④ Eigelb mit Zucker und Vanillezucker schaumig schlagen und nach und nach die flüssige Kuvertüre und restliche Butter unterrühren.
⑤ Nüsse und Semmelbrösel unterziehen.
⑥ Eiweiß zu steifem Schnee schlagen und ebenfalls unter den Teig heben.
⑦ Form mit den 2 EL Semmelbröseln ausstreuen.
⑧ Teig in die Form geben, Deckel schließen und ins vorbereitete Wasserbad stellen (Wasser muss bis 2 cm unter Deckelkante reichen) Garzeit etwa 40 Min.
⑨ Mit einem Holzstäbchen Garprobe machen.
Pudding mit geöffnetem Deckel abdämpfen lassen, stürzen und mit Schokoladensauce überziehen.

Zutaten:
(für 6-8 Personen)

80 g Kuvertüre
80 g Butter
4 frische Eier
80 g Zucker
1 Pck. Vanillezucker
80 g gem. Nüsse
25 g Semmelbrösel für den Teig
2 EL Semmelbrösel für die Form

Tipp: Man kann den Pudding auch mit dickflüssiger Vanille- oder Weinschaumsauce überziehen. Er kann auch kalt gegessen werden, dann empfiehlt sich halbsteif geschlagene Sahne dazu.

Diplomatenpudding

Zubereitung:

a) Biskuitmasse:

① Die kandierten Früchte in kleine Würfel schneiden und mit der Hälfte des Kirschwassers tränken.

② $^3/_4$ l Milch in einem Kochtopf zum Kochen bringen; währenddessen die 5 Eier mit dem Zucker schaumig schlagen und unter intensivem Rühren in die kochende Milch geben.

③ Den Boden einer Charlotte- bzw. hochwandigen Spring-Form am Boden mit Butterbrotpapier auslegen und die Fruchtwürfel darauf verteilen.

④ Eine ausreichende Menge an Löffelbiskuits vorsehen zum Auskleiden der Form (in der Regel genügen ca. 20 Stück). Die Löffelbiskuits in 3–4 Stücke schneiden und damit die Wände der Form „tapezieren".

⑤ Dann vorsichtig einen ersten Teil der Teigmasse auf den Löffelbiskuits verteilen, um sie gut zu tränken, schließlich den Rest des Teiges einfüllen.

⑥ Im Wasserbad eine knappe Stunde garen lassen bei ca. 200 °C, Stufe 6–7.

b) Englische Creme: (Während der Garzeit die zubereiten!)

① Die Milch mit der Vanille aufkochen und von der Kochstelle ziehen.

② In einer Schüssel die 3 Eigelb mit dem Zucker schaumig schlagen. Dieses Gemisch unter starkem Rühren in die aufgekochte Milch mit einem Holzlöffel einarbeiten. Von der Kochstelle ziehen, sobald die Creme anfängt am Löffel zu haften. (Vorsicht: Wenn die Creme bis zum Kochen käme, würde sie sich zersetzen!)

③ Wenn die Creme nur noch lauwarm ist, wird das restliche Kirschwasser zugefügt.

④ Den Pudding aus dem Ofen (Wasserbad) herausnehmen. Er ist gar, wenn eine Messerklinge frei von Teigrückstand herausgezogen werden kann.

⑤ Zunächst auf Zimmertemperatur abkühlen lassen, dann erst in den Kühlschrank stellen.

⑥ Wenn er sehr kalt geworden ist, lässt er sich auf eine flache Schale stürzen und mit der Englischen Creme umgießen.

Zutaten:

a) Biskuitmasse

$^3/_4$ l Milch
5 frische Eier
150 g Zucker
25 Löffelbiskuits
100 g kandierte Früchte
4 EL Kirschwasser

b) engl. Creme:

$^1/_4$ l Milch
3 Eigelb
2 gehäufte EL Puderzucker
$^1/_2$ Stange Vanille

Tipp: Die ersten eingelegten Löffelbiskuits sollten gut getränkt sein mit Kirschwasser, denn dann heben sie sich während des Garens nicht mehr und geben dem gestürzten Pudding ein elegantes Aussehen!

Grüne Grütze

(Stachelbeer-Kiwi)

Zutaten:

(für 4 Personen)

400 g grüne Stachelbeeren
140 g Zucker
400 ml Weißwein
300 g Kiwis
40 g Speisestärke
2 EL kaltes Wasser
25 g geh. Pistazienkerne

Zubereitung:

① Stachelbeeren waschen und von Stiel und Blüte befreien, mit Wein und Zucker gar kochen und durch ein Sieb rühren.

② Die Kiwis waschen, schälen und in Scheiben schneiden.

③ Speisestärke mit Wasser anrühren und unter das Stachelbeermus rühren, kurz aufkochen und die Kiwischeiben und die gehackten Pistazienkerne dazugeben.

④ Grütze in eine Glasschale füllen und erkalten lassen.

Serviervorschlag:
Mit geschlagener Sahne oder Vanillesauce zu Tisch bringen.

Rhabarber-Erdbeer-Grütze

Zutaten:

(für 4 Personen)

100 g Rhabarber
1/4 TL Zitronengelb
od. Ingwerpulver
400 ml Weißwein
40 g Speisestärke
2 EL Wasser
250 g Erdbeeren

Zubereitung:

① Die Erdbeeren waschen, Stiele entfernen und Früchte halbieren.

② Den Rhabarber waschen und in 2 cm dicke Stücke schneiden, mit Wein, Zucker und Zitronengelb vorsichtig garen; die Stücke sollen nicht zerfallen.

③ Rhabarber auf einem Sieb abtropfen lassen, den aufgefangenen Saft erhitzen.

④ Speisestärke mit Wasser anrühren, in die Flüssigkeit geben und kurz aufkochen lassen.

⑤ Die Erdbeeren zu der kochenden Flüssigkeit geben und in einer Dessertschale erkalten lassen.

Serviervorschlag:
Mit Vanilleeis oder Vanillesauce servieren. Biskuitkekse eignen sich ebenfalls gut dazu.

Rote Grütze

Zutaten:
(für 4–6 Personen)

$^1/_2$ l Kirschsaft (auch Trauben- od. schwarzer Johannisbeersaft)
250 g Himbeeren
250 g Erdbeeren
250 g rote Johannisbeeren
40 g Speisestärke
100 g Zucker

Zubereitung:

① Früchte vorsichtig waschen, Erdbeeren und Johannisbeeren entstielen.
② 6 EL vom Kirschsaft nehmen und mit der Speisestärke glatt rühren.
③ Restlichen Saft zum Kochen bringen, die angerührte Speisestärke einrühren und aufkochen lassen.
④ Zucker zugeben und rühren, bis er aufgelöst ist.
⑤ Dann die vorbereiteten Früchte dazugeben und etwa eine Minute auf ausgeschalteter Kochplatte ziehen lassen.

Serviervorschlag: Vanillesauce, flüssige oder geschlagene Sahne, gesüßte Milch oder Vanilleeis können dazu gereicht werden.

Tipp: Die im Rezept angegebenen Früchte können beliebig ausgetauscht werden z. B. mit Sauerkirschen, Brombeeren, Heidelbeeren, schwarzen Johannis- oder Jostabeeren; statt frischer Früchte können auch eingefrorene Früchte genommen werden. So kann die Rote Grütze im ganzen Jahr zubereitet werden. $^1/_4$ l Fruchtsaft kann auch durch $^1/_4$ l Rotwein ausgetauscht werden.

Cremespeisen

Eine Cremespeise ist eine lockere, luftige Süßspeise, die durch Eischnee oder Schlagsahne ihre leichte Konsistenz erhält. Man sollte sie deshalb auch nicht stürzen, sondern in Schalen anrichten oder in Nocken abstechen und auf Dessertteller portionieren.

Wir unterteilen die Cremespeisen in zwei Gruppen: die warm gerührte Creme (im Wasserbad abgeschlagen), die kalt gerührte Creme (die schnell servierfertig ist). Auch hier verwenden wir im Wesentlichen Gelatine als Geliermittel.

Ananascreme

Zubereitung:

① Die frische Ananas waschen, schälen, den harten Kern entfernen und in Scheiben schneiden. 5 Scheiben schneiden wir in kleine Stücke und stellen sie zur Seite.
② Ananassaft und Weißwein auf $^3/_8$ l auffüllen und mit Zucker und Zitronenschale abschmecken.
③ Gelatine 5 Min. in kaltem Wasser einweichen, danach mit 2 EL Ananassaft heiß auflösen, zu dem Saft-Wein-Gemisch geben und kalt stellen.
④ Sahne steif schlagen.
⑤ Sobald die Masse anfängt dicklich zu werden, die Sahne locker unterheben, die klein geschnittenen Ananasstückchen untermengen und die Creme in eine Dessertschale füllen.

Zutaten:
(für 4 Personen)

1 frische Ananas
od. 1 D. Ananas
(Abtropfgewicht 800 g)
1 Flasche Ananassaft ($^1/_4$ l)
$^1/_8$ l Weißwein
abger. Schale v. $^1/_2$ Zitrone
Zucker nach Geschmack
6 Blatt weiße Gelatine
$^1/_4$ l Sahne

Serviervorschlag:
Mit Sahnetupfen, Ananasstückchen und Schokoraspeln verzieren.

ENKELL
ROCKEN

Zitronencreme

Zubereitung:

① Die Eier trennen.
② Gelatine in kaltem Wasser 5 Min. einweichen.
③ Eigelb, Zucker und Honig mit dem elektrischen Handrührgerät schaumig rühren.
④ Die ausgedrückte Gelatine in dem heißen Wasser auflösen und den Zitronensaft langsam darunter rühren.
⑤ Gelatine – Zitronensaft unter die Eimasse geben.
⑥ Eischnee steif schlagen.
⑦ Sahne steif schlagen.
⑧ Wenn die Creme anfängt zu gelieren, den Eischnee vorsichtig unterheben und danach die Schlagsahne.
⑨ Creme in eine Glasschale füllen oder in Portionsschälchen und etwa 3 Std. bis zum Verzehr kalt stellen.

Zutaten:
(für 4 Personen)

4 frische Eier
6 Blatt weiße Gelatine
100 g Zucker
1 EL Honig
100 ml frisch gepresster Zitronensaft
3 EL heißes Wasser
1/4 l Sahne

Serviervorschlag:
Creme mit Sahnetupfen und dünnen Zitronenscheiben garnieren oder man schneidet Zitronen längs auf, höhlt sie aus und füllt die Creme dort hinein.

Mokkacreme

Zubereitung:

① Eier trennen
② Gelatine 5 Min. in kaltem Wasser einweichen.
③ Eigelb mit Zucker, Pulverkaffee und 2 EL Milch (von 1/2 l genommen) schaumig rühren.
④ Restliche Milch mit aufgeschlitzter Vanilleschote erhitzen.
⑤ Ausgedrückte Gelatine darin auflösen.
⑥ Gelatine-Milch-Mischung langsam mit Schneebesen in die Eimasse rühren und kühl stellen.
① Eischnee mit Salz steif schlagen.
② Sahne steif schlagen.
③ Sobald die Creme zu gelieren beginnt, zuerst den Eischnee und danach die Sahne locker unterheben.
④ Die Creme in eine Glasschale oder Portionsschälchen füllen und kühl stellen, bis sie vollständig ausgeliert ist.

Zutaten:
(für 4 Personen)

2 frische Eier
2 EL Pulverkaffee
50 g Zucker
1/2 l Milch
1/2 Vanilleschote
1 Prise Salz
6 Blatt weiße Gelatine
1/4 l Sahne

Crème caramel

Zutaten:
(für 6 Personen)

100 g Zucker
3 EL Wasser
4 frische Eier
100 g Zucker
1/2 l Milch (od. 400 ml Milch und 100 ml Sahne)
1/2 Vanilleschote

Zubereitung:

① Backofen auf 150°C vorheizen und eine flache Auflaufform mit Wasser auf die mittlere Schiene stellen.
② 6 feuerfeste Förmchen bereitstellen.
③ Zucker und Wasser in einer Kasserolle oder Pfanne solange erhitzen bis die gewünschte braune Farbe erreicht ist (nur mit Holzlöffel rühren).
④ Karamelmasse auf die Förmchen gleichmäßig verteilen, die Förmchen dabei drehen, so dass die Zuckermasse alle Seiten berührt.
⑤ Milch und Vanilleschote erhitzen.
⑥ Eier und Zucker cremig, aber nicht schaumig rühren.
⑦ Die heiße Milch zu der Eimasse geben.
⑧ Eimilch durch ein festes Sieb schütten (Vanillekörnchen sollen zurückbleiben) und damit die Förmchen 1/4 voll gießen.
⑨ Förmchen in das vorbereitete Wasserbad in den Ofen stellen, nach 40 Min. Garprobe machen: dazu ein Holzstäbchen in die Creme stechen, es darf nichts hängen bleiben.
Förmchen aus dem Wasserbad nehmen und mehrere Std. kalt stellen (am besten über Nacht).
Rand der Creme mit einem Messer lösen und auf Dessertteller stürzen, dabei fließt die Karamellsauce über die Eimasse.

Sherrycreme

Serviervorschlag: Mit Schokoladenblättern, Sahnetupfen oder Borkenschokolade dekorieren.

Zutaten:
(für 4 Personen)

2 frische Eier
70 g Zucker
1 Pck. Vanillezucker
1/4 l Sherry
100 g ger. Schokolade od. Schokoladenflocken od. Raspelschokolade
50 g ger. Nüsse
6 Blatt weiße Gelatine
1 Prise Salz
1/4 l Sahne

Zubereitung:

① Eier trennen.
② Gelatine in kaltem Wasser 5 Min. einweichen.
③ Eigelb mit Zucker und Vanillezucker schaumig schlagen, nach und nach den Sherry unterrühren.
④ Ausgedrückte Gelatine in 3 EL Wasser auflösen.
⑤ 3 EL von der kalten Sherrymischung unter die Gelatine rühren und dann erst die Gelatine in die übrige Sherrymischung einrühren (verhindert Schlierenbildung).
⑥ Eischnee mit Salz steif schlagen.
⑦ Sahne steif schlagen.
⑧ Sobald die Creme dicklich wird, zuerst den Eischnee und dann die Sahne vorsichtig unterheben.

2 CUPS
16 oz
12
1 CUP
8

Gestürzte Karamellcreme

Zutaten:

a) Karamell:
20 Stück Zucker
1 EL Wasser
einige Tropfen Zitronensaft

b) Creme
1/2 l Milch
3 frische Eier
100 g Zucker
1 Vanilleschote

Hinweis: Vor dem Stürzen abkühlen lassen!

Zubereitung:

a) Karamell:

① Den Karamell in einem kleinen Kochtopf zubereiten:
② Die Zuckerstücke in dem Gemisch aus Wasser und Zitronensaft erhitzen
③ Von der Kochstelle nehmen, wenn die Masse goldfarben (aber nicht braun!) geworden ist.

b) Creme

① Gleichzeitig eine leere Charlotte-Form oder 5 Portionsschälchen im Backofen vorwärmen, damit der Karamell nicht an den Wänden festklebt.
② Dann den Karamell in die Form(en) geben und abkühlen lassen.
③ Die Milch mit der aufgeschnittenen Vanilleschote zum Kochen bringen.
④ In einer Schüssel die Eier mit dem Zucker schaumig schlagen,
⑤ dann unter ständigem Rühren die erhitzte Milch hinzufügen.
⑥ Die mit Karamell vorbereitete(n) Form(en) mit dieser Masse füllen und in ein Wasserbad stellen (ausreichend großes Gefäß, in dem die Form(en) bis zur halben Höhe in heißem Wasser stehen).
⑦ Im Backofen bei 180 °C 25-30 Min. ziehen lassen und darauf achten, dass die Creme nicht kocht.

Tipp: Die Creme ist fertig, wenn sie in der Mitte einem leichten Fingerdruck widersteht.

Mousse au chocolat

Zubereitung:

① In einem kleinen Kochtopf auf kleiner Flamme die in Stücke gebrochene Schokolade mit 3 EL Wasser zum Schmelzen bringen.

② Zum Weiterarbeiten Topf von der Kochstelle nehmen, damit eine glatte und glänzende Masse entstehen kann.

③ Die weiche Butter, dann den feinen Zucker einrühren zu einem homogenen Teig.

④ Die Eier trennen, die Eigelb nacheinander in die Schokoladenmasse einarbeiten.

⑤ Eiweiß unter Zufügen einer Prise Salz sehr steif schlagen und den Eischnee unter die Schokoladenmasse ziehen.

⑥ Die Schaummasse in eine große Schale gießen, mind. 3 Std. in den Kühlschrank stellen vor dem Servieren.

Zutaten:
7 ganz frische Eier
300 g dunkle herbe Schokolade
120 g Butter
70 g feiner (semoule?) Zucker

Tipp: Wenn Sie Kaffee-Liebhaber sind, fügen Sie der Masse 1 TL löslichen Kaffee bei und dekorieren Sie mit einigen Kaffeekörnchen.

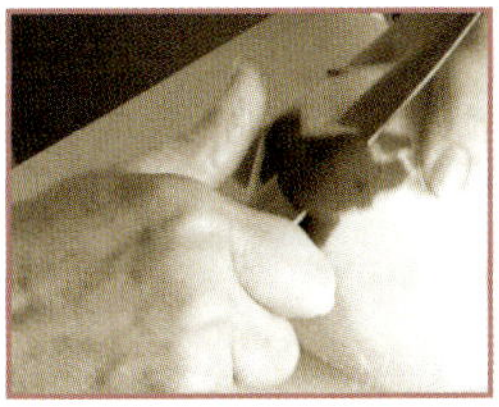 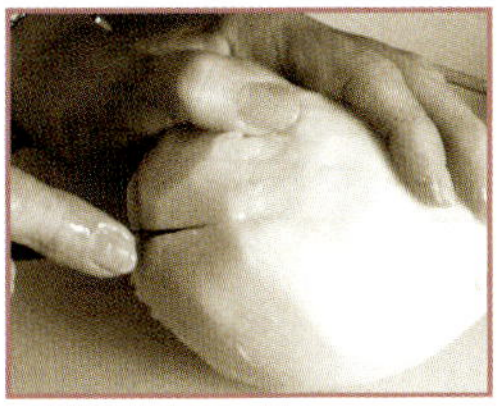  

Zimtcreme

mit Mangospalten

Zubereitung:

① Sahne und Zimtstangen in einem Topf erhitzen und dann 10 Min. ziehen lassen, danach die Zimtstangen entfernen, die Sahne durch ein Haarsieb gießen.
② Gelatine 5 Min. in kaltem Wasser einweichen.
③ Eier trennen.
④ Eigelb, Vanillezucker und Zucker schaumig rühren, Weinbrand und gem. Zimt dazugeben.
⑤ Die ausgedrückte Gelatine in der Zimtsahne auflösen, alles langsam unter die Eimasse rühren und kalt stellen.
⑥ Eischnee steif schlagen.
⑦ Sobald die Creme dicklich wird, Eischnee vorsichtig mit einem Schneebesen unterziehen.
⑧ Die Creme in 6 Förmchen füllen und vollständig erstarren lassen, danach auf Dessertteller stürzen und mit Mangospalten umlegen.

Zutaten:
(für 6 Personen)
$^{1}/_{2}$ l Sahne
10 Zimtstangen
6 Blatt weiße Gelatine
6 frische Eier
80 g Zucker
1 Pck. Vanillezucker
$^{1}/_{2}$ TL gem. Zimt
3 EL Weinbrand

Mangospalten

Zubereitung:

① Mangos waschen, schälen und mit einem scharfen Messer Spalten schneiden, diese in eine Schüssel legen.
② Sherry, Zucker und Zitronensaft erhitzen und mit einem TL Speisestärke andicken und über die Früchte geben.

Zutaten:
2 frische, reife Mangos
200 ml weißer Sherry
Saft von $^{1}/_{2}$ Zitrone
1 TL Speisestärke
50 g Zucker

Zutaten
(für 6–8 Personen)

a) Biskuitrolle:
4 frische Eier
125 g Zucker
Vanille (frisch aus einer Stange ausgeschabt)
100 g Mehl
1 gestr. TL Backpulver
1 Prise Salz
1 P. Puddingpulver (Vanillegeschmack)
etwas Butter od. Margarine für die Form
500 g Kirschkonfitüre

b) Creme:
6 Blatt weiße Gelatine
1/4 l Weißwein
1 EL Zitronensaft
100 g Zucker
1 Pr. Salz
250 g Schlagsahne

c) Dekoration:
125 g geschlagene Sahne
einige Cocktailkirschen

Tipp: Wenn es mal schnell gehen muss, kann darauf verzichtet werden, extra einen Biskuit-boden anzufertigen. Die »Charlotte-Torte« kann auch mit fertigen Löffelbiskuits hergestellt werden.

Charlotte royale

(ein Augenschmaus aus Biskuitrolle und Creme)

Zubereitung:

a) Biskuit:

① Die Eier trennen und das Eiweiß mit der Hälfte des Zuckers, der Vanille und der Prise Salz steif schlagen.
② Die mit dem Zucker verrührten Eigelb untermischen.
③ Mehl, Backpulver und Puddingpulver miteinander verrühren, durch ein Sieb geben und unter die Eimasse unterheben.
④ Ein Backblech mit Pergamentpapier auslegen und den Teig darauf gleichmäßig verteilen.
⑤ Backzeit 10-15 Min. bei 200°C (Umluftherd) im vorgeheizten Ofen.
⑥ Der Kuchen wird auf ein mit Zucker bestreutes Küchentuch gestürzt.
⑦ Das Pergamentpapier, mit etwas Wasser befeuchtet, lässt sich dann gut abziehen.
⑧ Die Kirschkonfitüre auf den Kuchen streichen und den noch weichen warmen Kuchen aufrollen.
⑨ Nach dem Abkühlen in etwa 20 Scheiben aufschneiden.

b) Weitere Zubereitung in der Charlotte-Form:

① Die Charlotte-Form (= Schale mit rundem Boden, Eisbombenform) rundherum einfetten und mit Biskuitscheiben auslegen. Einige Biskuitscheiben zurücklassen für die End-Dekoration.
② Die Gelatine wird in kaltem Wasser nach Vorschrift aufgelöst.
③ Wein, Zironensaft, Zucker und Salz werden miteinander erhitzt, die ausgedrückte Gelatine eingerührt.
④ Kurz vor dem Erstarren der Masse wird die steif geschlagene Sahne untergehoben.
⑤ Die Crememasse in die mit Biskuit ausgekleidete Form geben und mit den restlichen Biskuitscheiben belegen.
⑥ Anschließende Kühlzeit 5 Std., danach lässt sich das Dessert auf eine flache runde Schale stürzen, deren Rand mit Schlagsahne und Kirschen dekoriert werden kann.

Schwimmende Inseln

Zubereitung:

a) Karamell:

① Auf großer Flamme unter Rühren einen Karamell herstellen aus Zucker, Wasser und einigen Tropfen Zitronensaft.

② Wenn die Masse zu bräunen beginnt, den Topf von der Kochstelle nehmen und vorsichtig $^{1}/_{2}$ Glas Wasser zugießen (um Spritzen und Verbrennungen zu vermeiden, sollte dieser Vorgang stattfinden in oder neben der Spüle, in die vorher einige Zentimeter Wasser eingelassen wurden.)

③ danach wieder für max. 1 Min. auf die Kochstelle bringen, dann abkühlen lassen.

b) „Englische" Creme (als „Ozean"):

① Die Milch mit der aufgeschnittenen Vanilleschote zum Kochen bringen.

② Währenddessen die Eigelb mit dem Puderzucker so lange schlagen, bis eine weißliche Masse entsteht.

③ Die kochende Milch in diese Masse hineinschütten unter starkem Rühren, auf kleiner Flamme so lange leicht und beständig in Bewegung halten, bis die Creme am Löffel hängen bleibt.

④ Von der Kochstelle ziehen vor dem ersten Aufkochen und abkühlen lassen.

⑤ In einer großen flachen Pfanne die gemischte Flüssigkeit (Milch und Wasser) für das Garziehen erwärmen.

⑥ Währenddessen die 5 Eiweiß mit 1 EL Zucker steif schlagen.

c) „Inseln" aus Eischnee:

① Mit einem kalt abgespülten Esslöffel „Inseln" herausnehmen und jeweils 3 Min. von jeder Seite in der heißen, aber nicht kochenden Milch-Wasser-Flüssigkeit garziehen lassen.

② Die fertigen „Inseln" mit einem Schaumlöffel herausnehmen, auf einem Tuch oder Küchenpapier abtropfen lassen.

③ Die Englische Creme („Ozean") auf mehrere flache Dessertschalen verteilen, die „Inseln" jeweils auf die Mitte setzen, mit Karamell beträufeln und mit angerösteten Mandelsplittern verzieren.

Zutaten:

a) Karamell:

200 g Würfelzucker (bzw. etwa 40 Stück)
4 EL Wasser
einige Tropfen Zitronensaft

b) Creme

$^{1}/_{2}$ l Milch
6 frische Eier
100 g Puderzucker + 1 EL für den Eischnee
1 Hand voll angeröstete Mandelstifte od. -blätter
1 Vanilleschote
$^{1}/_{4}$ l Milch
$^{1}/_{2}$ l Wasser

Tipp: Den Karamell so zeitig herstellen, dass er nur noch lauwarm ist beim Übergießen. Zu große Temperatur würde den Eischnee der »Inseln« zerstören.

Quark-, Milch- und Reisspeisen

Milch

Milch und Milchprodukte sind aus unserer täglichen Ernährung nicht mehr wegzudenken. Sie sind wegen ihres Eiweiß- und Calciumgehaltes sowie der Vielzahl von Mineralstoffen, Vitaminen und Fetten, die sie enthalten, von großer Wichtigkeit für den Aufbau und für den Erhalt des menschlichen Körpers. Milchprodukte bereichern unseren täglichen Speiseplan in mannigfaltiger Weise.

Um nur einige aus der großen Palette zu erwähnen: süße oder saure Sahne, Dickmilch, Kefir, Schmand, Joghurt und Crème fraîche, Buttermilch, Butter, Quark und Käse. Sie alle lassen sich zu köstlichen Nachspeisen schnell und leicht verarbeiten.

Reis

Reis – besonders Naturreis – ist ein wertvolles Lebensmittel, denn für über die Hälfte der Weltbevölkerung ist er als Grundnahrungsmittel unentbehrlich. Auch für die deutsche Küche ist er ein ideales Nahrungsmittel, weil er zu allem ergänzt werden kann. Ob süß oder salzig, mild oder kräftig würzig, ob als Hauptgericht, Nachspeise, Kuchen, Kinder- oder Krankenkost: überall findet er vielfältige Verwendung.

Küchentechnisch ist er unkompliziert zu verarbeiten, wenn wir Folgendes beachten: Reis muss immer mit der doppelten Menge Wasser heiß ausgequollen werden, d. h. auf 1 Tasse Reis 2 Tassen Wasser. Diese Angabe bezieht sich auf den weißen geschälten Reis – für den Naturreis ist die Wassermenge etwas zu erhöhen, da er eine längere Kochzeit hat.

Marzipanreis
mit Orangensauce

Zubereitung:

① Orangensauce herstellen (siehe Seite 96).
② Milch mit aufgeschlitzter Vanilleschote zum Kochen bringen und den Reis darin 20 Min. auf ausgestellter Herdplatte ausquellen und danach abkühlen lassen.
③ Pistazien und Mandeln in trockener Pfanne leicht anrösten.
④ Aprikosen in feine Streifen schneiden.
⑤ Pistazien, Mandeln, Aprikosen und Orangenlikör unter den Reis mischen, in 4 Förmchen füllen und fest pressen und dann auf ein Backblech stürzen.
⑥ Marzipanrohmasse mit 1 EL Puderzucker verkneten und auf dem restlichen Puderzucker ausrollen, so daß daraus 4 Kreise ausgestochen werden können.
⑦ Marzipankreise auf den Reis legen und mit dem Eigelb bestreichen.
⑧ Unter dem vorgeheizten Grill etwa 5 Min. überbacken.
⑨ Die Reishäufchen auf 4 Dessertteller legen und mit der Orangensauce umgießen.

Zutaten:
(für 4 Personen)

125 g Reis
250 ml Milch
1 Vanilleschote
25 g Pistazienkerne
25 g Mandelstifte
50 g getrocknete Aprikosen
1 EL Orangenlikör
100 g Marzipanrohmasse
2 EL Puderzucker
1 Eigelb

Tipp: Anstelle von Sesam kann auch fertiges Krokant verwendet werden.

Milch-Sesam-Speise

Zubereitung:

① Gelatine 5 Min. in kaltem Wasser einweichen.
② Milch mit Zucker erhitzen und die ausgedrückte Gelatine darin auflösen, mit Sherry abschmecken und kalt stellen.
③ Sahne steif schlagen.
④ Sobald die Milchspeise dicklich wird, den Schmand unterrühren und die Sahne vorsichtig unterheben.
⑤ Sesam in der trockenen Pfanne rösten und kurz vor dem Braunwerden den Zucker unterrühren, Pfanne vom Herd nehmen und bis zum Erkalten weiterrühren, danach zerbröseln und über die Speise streuen.

Zutaten:
(für 8 Personen)

13 Blatt weiße Gelatine
1 l Milch
60 g Zucker
3 EL Sherry
250 g Sahne
250 g Schmand
40 g Zucker
200 g Sesam
40 g Zucker

Serviervorschlag: Aprikosenkompott oder Sanddornsauce ergänzen diese Speise hervorragend.

Westfälische Quarkspeise

Zutaten:
(für 4 Personen)

250 g entsteinte Sauerkirschen (aus dem Glas)
500 g Sahnequark
1 Pck. Vanillezucker
50 g Zucker
100 ml Milch
100 g Pumpernickel
100 g Mokka- od. Zartbitterschokolade
1 EL Schokoladenraspel

Zubereitung:

① Kirschen auf einem Sieb abtropfen lassen, einige zum Verzieren abnehmen.
② Quark, Zucker, Vanillezucker und Milch miteinander verrühren.
③ Pumpernickel fein zerbröseln, die Schokolade reiben, beides miteinander vermischen.
④ Stielgläser abwechselnd mit je einer Schicht Pumpernickel, Kirschen und Quark füllen, diese Schichtung noch einmal wiederholen
⑤ Mit Schokoladenraspel und Kirschen verzieren.

Ambrosiaspeise

Zutaten:
(für 4 Personen)

$1/2$ l Naturjoghurt (3,5 % Fett)
100 g Zucker
1 Pck. Vanillezucker
2 EL Rum
5 Blatt weiße Gelatine
1 Blatt rote Gelatine
2 EL Wasser
2 Eiweiß
1 EL Zucker
250 g Sauerkirschen (entsteint) aus dem Glas od. frisch
$1/8$ l Sahne

Zubereitung:

① Gelatine 5 Min. in kaltem Wasser einweichen.
② Joghurt, Zucker, Vanillezucker und Rum miteinander verrühren und abschmecken.
③ Gelatine ausdrücken und in 2 El heißem Wasser auflösen und nach und nach unter den Joghurt rühren.
④ Eiweiß mit 1 EL Zucker steif schlagen und unter Joghurtmasse ziehen.
⑤ Abgetropfte Kirschen (6 Früchte zurückbehalten) unter die Speise heben und in eine Glasschale füllen.
⑥ Sahne steif schlagen und nach dem Erstarren der Speise mit Sahnetupfen und Sauerkirschen verzieren.

Tipp: Dieser Nachtisch ist gut geeignet nach einem Eintopf oder nach einem Fleischgericht.

Milchreiskuchen

Zutaten:
$1/2$ l Milch
80 g Rundkornreis
3 gehäufte EL Zucker
40 g Zucker
2 frische Eier
1 Hand voll Rosinen od. Trockenfrüchte
1 Vanilleschote

Karamell:
20 Stück Würfelzucker
3 EL Wasser

Tipp: Anstelle von Karamell kann man den Nachtisch auch mit Kompott, Marmeladetupfern, getrockneten oder kandierten Früchten servieren.

Zubereitung:
① Einen Milchreis herstellen.
② Am Ende des Kochens die weiche Butter und 2 Eigelb einrühren.
③ Die Eiweiß steif schlagen und unterheben.
④ Eine Charlotte-Form (oder, wegen des noch schöneren Aussehens, eine Savarin-Form) wie folgt mit Karamell vorbereiten: Die mit dem Wasser getränkten Zuckerstückchen in der Form auf kleiner Flamme vorsichtig zum Schmelzen und hellen Bräunen bringen, von der Kochstelle nehmen und die Form so schwenken, dass die Karamelmasse die Wände der Form rundherum erreicht.
⑤ Den vorbereiteten Reis vorsichtig einfüllen.
⑥ Im vorgeheizten Backofen 20 Min. bei 200°C garen.
⑦ Ohne Beigabe oder mit Englischer Creme servieren.

Heidelbeer-Sahne-Speise

Zubereitung:
① Gelatine 5 Min. in kaltem Wasser einweichen.
② Saure Sahne, Zucker und Rum schaumig schlagen.
③ Heidelbeeren kurz waschen, verlesen und mit Haushaltspapier trocken tupfen.
④ 200 g Heidelbeeren abnehmen und mit 1 Pck. Vanillezucker pürieren und unter die saure Sahne rühren.
⑤ Gelatine ausdrücken und in 3 EL heißem Wasser auflösen und lauwarm unter die Sahne-Blaubeer-Mischung schlagen und kühl stellen.
⑥ Süße Sahne mit restlichem Vanillezucker steif schlagen.
⑦ Sobald die Speise zu gelieren beginnt, Stielgläser abwechselnd schichten mit Heidelbeerspeise, den restlichen frischen Heidelbeeren und der Schlagsahne.
⑧ Mit Pistazienkernen bestreuen.

Zutaten:
(für 4 Personen)
$1/2$ l saure Sahne
200 g Zucker
2 EL Rum
6 Blatt weiße Gelatine
2 Blatt rote Gelatine
3 EL Wasser
500 g Heidelbeeren
2 Pck. Vanillezucker
$1/4$ l süße Sahne
2 EL geh. Pistazien

Errötendes Mädchen

(Buttermilchgelee)

Serviervorschlag: Mit kleinen Makronen und Sahnetupfen verzieren.

Zubereitung:
① Gelatine 5 Min. in kaltem Wasser einweichen.
② Buttermilch mit Zucker verrühren, bis sich der Zucker gelöst hat, dann mit Rum und Zitronensaft abschmecken.
③ Gelatine in 2 EL heißem Wasser auflösen und lauwarm unter die Buttermilchmischung geben
④ Sahne steif schlagen.
⑤ Sobald die Speise dicklich wird, die Sahne unterziehen, in eine Dessertschale füllen und kalt stellen.

Zutaten:
(für 4 Personen)
$1/2$ l Buttermilch
75 g Zucker
2 EL Rum
2 EL Zitronensaft
4 Blatt weiße Gelatine
2 Blatt rote Gelatine
2 EL Wasser
$1/8$ l Sahne

Tipp: Wenn man die Speise nur mit weißer Gelatine zubereitet, schmeckt sehr gut ein Fruchtpüree aus frischen Erdbeeren oder aus Aprikosen dazu.

Crêpes, Omelettes, Pfannkuchen und Waffeln

Dieses Quartett ist verwandtschaftlich verknüpft. Ihre gemeinsamen Hauptbestandteile sind Eier, Milch und Mehl.

Pfannkuchen

„PFANNKUCHEN" könnten sie alle heißen, vom Ort ihrer Entstehung her. Je stärker der Mehlanteil, desto derber und fester wird der Pfannkuchen.

Je größer der Anteil an Eiern, desto zarter und feiner der Teig und desto schneller und leichter das Backen. Das OMELETT könnte man als Krönung des Pfannkuchens bezeichnen, bei dem das Mehl ganz wegfallen kann.

Crêpe

Die CRÊPE ist die französische Verwandte in dieser Dreiergruppe, stammt aus der Bretagne, zeichnet sich aus durch ihre fast hauchdünne Form, die trotz ihrer Schlankheit die Festigkeit nur wahren kann durch ihren höheren Mehlanteil. Crêpes gehören zu den Grundelementen der bretonischen Küche, sind dort seit dem Mittelalter bekannt, haben ihren Siegeszug rund um die Welt längst gewonnen. Junge Bräute stellen noch heute ihre hausfraulichen Fähigkeiten unter Beweis, indem sie am Tag nach ihrer Hochzeit Crêpes backen. Es gilt als gutes Omen für die junge Ehe, wenn das Umwenden der zarten Köstlichkeiten einwandfrei gelingt.

Waffeln

Sie sind von den Zutaten her enge Verwandte der Pfannkuchen und Crêpes. Ihre Herstellung ist jedoch an das sog. Waffeleisen gebunden, das den Produkten die Ähnlichkeit brachte mit Honigwaben, mit einem altfränkischen Wort „Wafla" bezeichnet. Die Namen „Waffel" bzw. frz. „gaufre" haben hier ihren Ursprung. Während unsere Großmütter noch mit einem schweren gußeisernen Gerät hantieren mussten, ist der moderne elektrische „Waffelautomat" leicht und schnell zu bedienen, lässt sich auch draußen bei der Gartenparty gut einsetzen.

Was den eigentlichen Charakter dieser vier warmen Vor- oder Nachspeisen, Zwischenmahlzeiten oder sogar Hauptgerichte ausmacht, das sind ihre Füllungen und leckeren Beigaben. Da sind der Fantasie keine Grenzen gesetzt: gefüllt mit Obst, Kräutern, Quark, Schinken, bestrichen mit Honig, Sirup, Konfitüre oder Sahnearten, bestreut mit Zimt oder Zuckersorten, mit Salz oder Pfeffer, getränkt mit Cognac oder Rum, ...

Crêpes Suzette

(eine Pariser Spezialität)

Zubereitung:

① Eier, Mehl, Salz und Puderzucker in einer Schüssel verquirlen.
② Die Milch nach und nach einarbeiten.
③ Butter, Cognac und Zitronenschale zugeben und abschmecken.
④ Butter in der Pfanne erhitzen und darin nacheinander hauchdünne Crêpes von ca. 15 cm Durchmesser backen.
⑤ In einer Flambierpfanne die Butter mit dem Zucker erhitzen.
⑥ Orangen- und Zitronenschale sowie -saft zugeben, den Likör hineingießen.
⑦ Die Crêpes zusammenfalten, in die Flambierpfanne legen, mit dem Cognac begießen und abbrennen.
⑧ Sofort servieren.

Zutaten
(für 6 Personen):

a) Teig
3 frische Eier
125 g Mehl
1 Prise Salz
1 1/2 EL Puderzucker
1/4 l Milch
1 1/2 EL zerlassene Butter
2 TL Cognac
abger. Schale v.
1/2 unbehandelten Zitrone

b) Flambieren
3 EL Butter
6 EL Puderzucker
abger. Schale u. Saft v.
3 unbehandelte Orangen u.
1 unbehandelte Zitrone
6 EL Grand Marnier od. Curaçao
zum Abbrennen: 4 EL Cognac

Heidelbeer-Pfannkuchen

Zubereitung:

① Heidelbeeren waschen, verlesen und mit Haushaltspapier trocken tupfen.
② Eier trennen.
③ Mehl mit Backpulver vermischen, Zucker, Salz und Zimt dazugeben, Milch und Eigelb verrühren und nach und nach in das Mehl einrühren, bis ein glatter Teig entstanden ist.
④ Eiweiß steif schlagen und unter den Teig ziehen.
⑤ Wenig Butter in einer Pfanne (Ø 15 cm) erhitzen, so viel Teig hineingeben, dass der Boden bedeckt ist, mit Heidelbeeren bestreuen, und die dann mit Teig dünn überziehen.
⑥ Pfannkuchen von beiden Seiten goldgelb backen, aus der Pfanne nehmen und warm stellen.
Vorgang wiederholen. Menge reicht für 8 Pfannkuchen.
⑦ Mit Puderzucker bestreuen und heiß servieren.

Zutaten:
(für 4 Personen)

500 g Heidelbeeren (Blaubeeren)
3 frische Eier
3/8 l Milch
200 g Mehl
2 TL Backpulver
1 EL Zucker
1 Prise Salz
1 Prise gem. Zimt
etwa 80 g Butter zum Backen
3 EL Puderzucker

Holunderküchlein (Hollerküchle)

Zutaten:
(für 4 Personen)

8 Holunderblütendolden mit Stiel od. auch Dolden mit reifen Beeren
125 g Mehl
1 EL Zucker
abger. Schale v. 1/2 unbehandelten Zitrone
175 ml Weißwein
2 frische Eier
150 g Fett zum Ausbacken (z.B. Butterschmalz, Pflanzenfett od. Öl)

Zubereitung:

① Die Blütendolden vorsichtig in kaltem Wasser schwenken und auf Haushaltspapier abtrocknen lassen.
② Mehl, Zucker, Zitronengelb, Eier und Weißwein zu einem glatten Teig verrühren.
③ Fett in einem Topf erhitzen (170-180°C)
④ Blütendolden am Stiel anfassen und zweimal durch den Ausbackteig ziehen.
⑤ Sofort mit der Blütenseite nach unten in das heiße Fett legen und goldgelb backen.
⑥ Danach auf Haushaltspapier abfetten lassen.
⑦ Mit Puderzucker bestreuen und heiß servieren.

Tipp: Auch Zimt-Zucker schmeckt gut dazu.

Apfelwaffeln

Zubereitung:

① Äpfel waschen, schälen, entkernen und in feine Würfel schneiden und mit Zitronensaft beträufeln.
② Butter und Zucker schaumig schlagen und nacheinander die Eier unterrühren.
③ Mehl mit Backpulver mischen und mit der Milch unter die Eier rühren.
④ Äpfel und die Nüsse vorsichtig untermengen.
⑤ Im heißen Waffeleisen abbacken.
⑥ Zimt und Zucker mischen und über die Waffeln streuen und warm servieren.

Tipp: Anstelle von Zimt-Zucker können auch angedickte Sauerkirschen und Schlagsahne gereicht werden.

Zutaten:
(für 6 Waffeleisenfüllungen)

300 g Äpfel (vorbereitet gewogen)
1 EL Zitronensaft
250 g Butter od. Margarine
75 g Zucker
4 frische Eier
250 g Mehl
1 TL Backpulver
$1/8$ l Milch (lauwarm)
50 g ger. Nüsse
$1/2$ TL Zimt
2 EL Zucker

Blinis mit saurer Sahne

Blinis sind eine uralte russische Variante der Pfannkuchen

Zubereitung:

① Die Hefe in etwas Milch anrühren.
② Die restliche Milch und die Sahne in einem Topf lauwarm werden lassen.
③ Mit dem Eigelb zur Hefe geben, danach Salz, Zucker und Mehl einarbeiten zu einem glatten, gut gerührten Teig.
④ Den Teig an warmer Stelle ohne Zugluft etwa 40 Min. zugedeckt gehen lassen.
⑤ Das steif geschlagene Eiweiß unterheben.
⑥ Öl in der Pfanne erhitzen und nacheinander Blinis von ca. 12 cm Durchmesser backen. Vor dem Wenden werden die Blinis mit zerlassener Butter beträufelt.
⑦ Mit den ausgewählten Beilagen sofort servieren, z.B. saure Sahne oder Kaviar oder Obstmus …

Zutaten:
(für 6 Personen):

15 g Hefe.
$1/8$ l Milch
$1/8$ l süße Sahne
1 Eigelb
1 Pr. Salz
1 Pr. Zucker
130 g Buchweizenmehl
60 g Weizenmehl
Eiweiß
Öl zum Braten und zerlassene Butter

Äpfel im Schlafrock

Zutaten:
(für 6 Personen)

a) Teig
250 g Mehl
$1/2$ TL Backpulver
65 g Zucker
1 Ei
125 g Butter

b) Füllung
6 kleinere Äpfel
100 g Marzipanrohmasse
2 EL Rosinen
2 EL Rum
2 EL Puderzucker
1 Eigelb
1 Eiweiß

Zubereitung:

① Alle Zutaten für den Teig zu einem Mürbeteig verkneten und in den Kühlschrank stellen.
② Rosinen mit dem Rum einweichen.
③ Marzipan mit Puderzucker verkneten und die Rosinen untermischen.
④ Äpfel waschen, Kerngehäuse ausstechen und schälen und mit Marzipanmischung füllen.
⑤ Den Mürbeteig auf einer bemehlten Arbeitsfläche dünn ausrollen und daraus 6 Quadrate – passend zu der Apfelgröße – ausschneiden.
⑥ Auf jedes Teigstück einen Apfel setzen.
⑦ Teigränder mit Eiweiß bestreichen und über dem Apfel zusammenfassen, Seiten andrücken.
⑧ Teigreste zu kleinen Teigplätzchen ausstechen und oben auf die eingehüllten Äpfel setzen.
⑨ Mit verquirltem Eigelb bestreichen.
⑩ Backblech mit Backpapier belegen, Äpfel aufsetzen und im vorgeheizten Backofen bei 220°C 15-20 Min. abbacken.

Serviervorschlag:
Mit Rum-oder Vanillesauce warm auf den Tisch bringen, zu kalten Äpfeln kann man geschlagene Sahne reichen.

Omelette Surprise

Zubereitung:

a) Biskuits:

① Eier schaumig rühren und nach und nach den Zucker dazurieseln lassen, so lange schlagen, bis die Masse cremig ist.
② Mehl und Speisestärke darüber sieben und unterheben.
③ Teig auf ein mit Backpapier ausgelegtes Backblech streichen. (Die Teigfläche muss so groß sein, dass das Eis damit später umhüllt werden kann.)
④ Teigplatte mit Mandelblättchen bestreuen.
⑤ Biskuit im vorgeheizten Ofen bei 180°C 6-8 Min. goldgelb backen und abkühlen lassen.

b) Baisermasse:

① Eiweiß sehr steif schlagen und den Zucker nach und nach einrieseln lassen, bis die Masse glänzend ist.
② Das Eis in die Mitte des Biskuits legen und die Kanten fest andrücken.
③ Biskuit auf eine feuerfeste Platte legen (mit den Schnittflächen nach unten).
④ Die Baisermasse in einen Spritzbeutel mit großer Tülle geben und wellenförmig damit den Biskuit einhüllen.
⑤ Den Backofen auf 250 °C und Oberhitze vorheizen und das Omelett 3-5 Min. goldgelb überbacken.
⑥ Sofort servieren und bei Tisch in 2-3 cm dicke Scheiben schneiden.

Zutaten
(für 4 Personen)

a) Biskuit:
2 frische Eier
60 g Zucker
30 g Mehl
30 Speisestärke
2 EL Mandelblättchen

b) Baisermasse:
3 Eiweiß
150 g Zucker
1 Pck. Vanillezucker
500 g Fürst-Pückler-Eis

Tipp: Anstelle von Fürst-Pückler-Eis können Sie auch beliebig andere Eisarten wählen und wer mag, kann das Omelett auch flambieren.

Aufläufe, Soufflés und Tartes

Aufläufe, Soufflés und Tartes gehören auch, wie die Crêpes, Omeletts, Pfannkuchen und Waffeln, in die Reihe der Desserts, die mit Vorliebe warm verzehrt werden.

Aufläufe

Die Zutaten werden in der Back- bzw. Auflaufform aufgeschichtet, evtl. noch gegart und in jedem Fall überbacken (gratiniert) und auch in der Form serviert. Die Auflaufformen sollen senkrechte Ränder haben, damit die Massen im Backvorgang langsam aufsteigen können, ohne zusammenzufallen. Das gilt besonders für die „elitäre" Form von Aufläufen, die Soufflés.

Soufflés

Feine, wenn auch in der Zubereitung etwas heikle Desserts; aber wenn Sie alle Schritte beachten, werden Sie mit einer delikaten Leckerei belohnt. Diese Nachspeise wird im Wasserbad im Backofen gegart. Seine zarte Konsistenz erhält das Soufflé durch steif geschlagenes Eiweiß. Nach dem Garen wird es sofort in der Form serviert, in der es auch gebacken wurde. Eine alte Regel sagt: „Der Gast wartet auf das Soufflé, nie das Soufflé auf den Gast." Es würde sonst auch zusammenfallen, unansehnlich werden und seine lockere Beschaffenheit verlieren.

Tartes

Ein leichter, dünnbodiger Obstkuchen als Nachtisch. Sein Ursprung und Name (frz. tarte = Torte) entstammen der französischen Tradition. Es gibt spezielle flache Backformen, aus denen sofort serviert wird; aber flache Springformen und ein vorsichtiges „Transportieren" auf einem Glasteller erfüllen den gleichen Zweck.

Kirschauflauf (Clafoutis)

Zutaten:
(für 4–6 Personen)

1 kg reife schwarze Kirschen od. tiefgefrorene Weichselkirschen
200 g Zucker + 1 EL nach dem Kochen
200 g Mehl
4 frische Eier
1/4 l Milch
100 g Butter + 1TL für die Form
wahlweise 2 EL Kirsch od. 2-3 Tropfen Bittermandelöl

So viele Köchinnen, so viele Rezepte von Clafoutis. Wenn man sich wegen der Zutaten nicht einigen kann, dann liegt es an deren Menge: mit etwas mehr Milch, ähnelt der Clafoutis einem Fladen und wird weicher; mit ein wenig mehr Mehl, erscheint wie eine dickere Crêpe. Die Früchte, die man gewöhnlich im Limousin verwendet, sind kleine schwarze Süßkirschen, deren Kerne ein Spielchen auslösten: Wer am Ende der Mahlzeit die meisten Kerne auf seinem Teller hatte, war Kirschensieger!

Zubereitung:

① Die Kirschen waschen und entstielen; das traditionelle Rezept verwendet die ganzen Kirschen, man kann sie aber schon vorher entsteinen.
② Den Backofen auf 180 °C (Stufe 5–6) vorheizen.
③ Das Mehl in eine Schüssel sieben und in der Mitte eine Mulde bilden,den Zucker hineingeben und unter kräftigem Rühren die Eier einzeln hinzufügen.
④ Dann die geschmolzene Butter und schließlich die Milch in den Teig einarbeiten, evtl. auch gleich die Geschmackszutaten.
⑤ Falls entsteinte Kirschen verwendet werden, das Bittermandelöl zufügen. (Der entstandene Teig sollte geschmeidig-fettig sein, zähflüssiger als ein Crêpe-Teig.)
⑥ Eine flache feuerfeste Form (Steingut, Porzellan oder Glas) gut ausfetten,
⑦ Die Kirschen auf dem Boden verteilen und mit der Teigmasse übergießen. Backzeit 45 – 50 Min; während des Abkühlens leicht mit dem restl. Zucker bestreuen und sofort servieren.

Tipp: Etwa vorhandenes Eiweiß lässt sich hier gut verwenden: steif geschlagen wird es unter die Teigmasse gehoben und macht den Auflauf noch leichter und luftiger.

Pflaumentorte

Zutaten:
(für 6–8 Personen)

a) Belag:
750 g Pflaumen, Mirabellen od. Zwetschen
1 EL Grieß
3 EL Zucker
1 Hand voll Trockenerbsen (als Hilfsmittel für das Backen des Bodens)

b) Teig:
200 g Mehl
100 g Butter + 1 TL für die Form
$^{1}/_{2}$ TL Salz
$^{1}/_{2}$ Senfglas Wasser

Tipp: Das Auge isst bekanntlich mit! Verwenden Sie mehrere Fruchtsorten und -größen miteinander, z. B. Mirabellen im inneren und Zwetschen im äußeren Kreis.

Zubereitung:

① Den Backofen auf 220 °C vorheizen.
② Das Mehl in eine Schüssel geben.
③ mit einem Messer die Butter in kleine Stücke teilen, das Salz und etwas Wasser zufügen.
④ Mit den Händen rasch die Zutaten zu einer Kugel formen ohne langes Kneten.
⑤ Den Teig rund ausrollen und den Boden einer gefetteten Tortenform (Ø 24 cm) damit belegen. Den Boden mit einer Gabel anstechen, mit Pergamentpapier bedecken und mit den Trockenerbsen belegen.
⑥ Den Tortenboden 10 Min. vorbacken.
⑦ Währenddessen die Pflaumen waschen, halbieren und entsteinen.
⑧ Die Backform aus dem Ofen nehmen, die Trockenerbsen und das Papier entfernen.
⑨ Den Tortenboden bestreuen mit einer Mischung aus dem Grieß und 1 EL – Zucker; diese Mischung nimmt den Fruchtsaft auf und lässt den Teig knusprig bleiben. Die Pflaumen mit der Schnittfläche nach unten auf den Tortenboden legen (so bleiben sie saftiger), mit dem Rest Zucker bestäuben und noch ca 30 Min, backen.

Variante:
Während der Tortenboden 10 Min. vorgart, mit dem Schneebesen 4 Eier mit 150 g Zucker schaumig schlagen, 1 EL Mehl und 20 cl Crème fraîche unterheben und danach $^{1}/_{2}$ Glas Milch sowie einige Tropfen Vanilleextrakt einrühren. Die Pflaumen mit der Schnittfläche nach unten auf den Tortenboden legen und die soeben angerührte Crememasse darüber gießen.
Im Backofen etwa 45 Min. garen.

Tipp: Der gleiche Tortenboden kann auch ausschließlich mit Aprikosen belegt werden.

Luftiges Schokoladensoufflé

Zubereitung:

① Eier trennen.
② Kirschen in kleine Würfel schneiden (1 TL voll zur Seite stellen).
③ Schokolade in kochendem Wasser auflösen.
④ Eigelb mit der Hälfte des Puderzuckers schaumig rühren.
⑤ Nach und nach die etwas abgekühlte Schokolade unterrühren.
⑥ Eiweiß mit dem restlichen Puderzucker steif schlagen und mit den geschnittenen Kirschen unter die Schokomasse heben.
⑦ Das Soufflé auf 8 Stielgläser verteilen, mit Eierlikör beträufeln und mit den Kirschstückchen garnieren.
⑧ Sofort servieren.

Zutaten:
(für 8 Personen)

12 kandierte Kirschen
100 g Zartbitterschokolade od. 6 TL Instant-Schokoladenpulver
2 Tassen kochendes Wasser
6 frische Eier
160 g Puderzucker
etwa 6 EL Eierlikör

Orangentorte

Wenn diese Torte im Winter als Dessert auf den Tisch kommt, hat man den Eindruck, dass die Sonne aufgeht! Die Orange, der Goldapfel, ist im Winter die Königin unter den Desserts.

Zubereitung:

a) *Kandierte Orangen:*

① Aus dem Zucker und Wasser unter Aufkochen einen Sirup herstellen.

② Die Orangen waschen, in runde Scheiben schneiden und in den siedenden – Sirup einlegen und 60 – 90 Min. köcheln lassen, dann 12 Std. in dem Sirup – auskühlen lassen.

b) *Der Teig:*

① Den Teig auf einer Arbeitsplatte ausrollen und eine Tortenform damit auslegen.

② Den Teigboden mit einer Gabel mehrmals einstechen, mit einer Hand voll Trockenerbsen belegen (= Hilfe für den Backvorgang; sie werden nach dem Backen wieder entnommen). – Diesen Mürbeteigboden im vorgeheizten Ofen 10 Min. vorbacken bei 210°C.

③ Währenddessen in einer Schüssel die Eier mit dem Zucker schaumig schlagen, die Schale einer abgeriebenen Orange, den Saft der 3 Orangen und die geschmolzene Butter einarbeiten.

④ Diese Teigmasse wird auf den vorgebackenen Tortenboden aufgefüllt, das Ganze weitere 20 Min. bei 190 °C backen, herausnehmen und abkühlen lassen.

⑤ Die kandierten Orangen aus dem Sirup herausnehmen und mit ihnen die Torte dekorieren.

Zutaten:

für die kandierten Orangen:
2 unbehandelte Orangen
150 g Zucker
1/4 l Wasser

250 g Mürbeteig
3 unbehandelte Orangen
3 frische Eier
80 g Zucker
50 g Butter
1 Hand voll Trockenerbsen

Tipp: Beim Dekorieren lässt sich jedes zweite Stück, also die Hälfte der Tortenstücke auch ohne kandierte Früchte und dann nur mit Sahne zubereiten.

Walnusssoufflé

Zutaten:
(für 4 Personen)

40 g Walnusskerne
3 frische Eier
1/8 l Milch
1 Pck. Vanillezucker
20 g Butter
20 g Mehl
Butter für die Form
Etwas Zucker für die Form

Serviervorschlag: Fruchtsaucen oder Fruchtkompott, die aus hellfleischigem Obst (Birnen, Pfirsiche, Aprikosen, Orangen) bestehen, passen besonders gut dazu.

Zubereitung:

① Größere feuerfeste Auflaufform mit Wasser füllen und in den Backofen auf einen Rost auf die mittlere Schiene stellen, auf 200 °C anheizen.
② Walnusskerne hacken.
③ Eier trennen.
④ Milch mit dem Vanillezucker erhitzen.
⑤ In einem zweiten Topf die Butter schmelzen und das Mehl darunter rühren, mit der Milch ablöschen und aufkochen lassen.
⑥ 1 ungeschlagenes Eiweiß in mehreren Etappen einrühren bis die Masse glatt ist.
⑦ In den etwas abgekühlten Teig werden nacheinander die Eigelbe untergerührt und die Walnüsse zugegeben, etwas abkühlen lassen.
⑧ Restliche zwei Eiweiße zu steifem Schnee schlagen und unter die Soufflémasse heben.
⑨ Form ausbuttern, mit Zucker ausstreuen, den Teig hineingeben und in das vorbereitete Wasserbad setzen. Etwa 20 Min. garen, bis das Soufflé schön aufgegangen ist, sofort servieren.

Quarksoufflé

Zutaten:
(für 4 Personen)

2 frische Eier
80 g Zucker
1 Pck.Vanillezucker
abger. Schale v.
1/2 unbehandelten Zitrone
125 g Magerquark
125 g Mascarpone
20 g Speisestärke
Butter für die Formen
Vanillezucker für die Formen

Tipp: Dieser Nachtisch ergänzt ein Hauptgericht aus hellem Fleisch oder Fisch.

Zubereitung:

① Feuerfeste Auflaufform mit Wasser füllen und in den Backofen stellen, auf 200 °C aufheizen.
② Eier trennen.
③ Eigelb mit 60 g Zucker und Zitronengelb schaumig rühren.
④ Quark, Maskarpone und Speisestärke dazugeben.
⑤ Eiweiß mit den restlichen 20 g Zucker steif schlagen und vorsichtig unter die Quarkmischung heben.
⑥ 4 Förmchen oder eine Auflaufform mit Butter ausfetten und mit Vanillezucker ausstreuen und die Quarkmischung einfüllen.
⑦ Förmchen ins Wasserbad stellen und etwa 20 Min. garen lassen.
⑧ Förmchen auf Dessertteller stürzen, Auflaufform im ganzen servieren.

Rumfrüchte-Soufflé

Tipp: Heiß servieren!

Zubereitung:

① Die Rumfrüchte gut abtropfen lassen (die Abtropfflüssigkeit verwahren für einen Mix-Drink z. B. mit Sekt!).
② Rosinen waschen und zwischen Küchenpapier abtrocknen.
③ Eier trennen.
④ Das Eiweiß mit einer Prise Salz steif schlagen.
⑤ In einer Backschüssel die Eigelb mit dem Zucker schaumig rühren, dann Stärkemehl und Orangenschale einmischen.
⑥ Die heiße Milch unter starkem Rühren in den Teig einarbeiten.
⑦ Die Rumfrüchte, Rosinen und Pistazien unterrühren.
⑧ Zuletzt den Eischnee unter die Teigmasse unterheben.
⑨ Gefettete feuerfeste Souffléform mit dem Teig max. halbhoch füllen, das Ganze mit dem restlichen Zucker bestreuen.
⑩ Backzeit ca. 30 Min. bei 200 °C auf der mittleren Schiene im vorgeheizten Ofen.

Zutaten:
(für 4–6 Personen)

250 g Rumfrüchte (aus der Konserve od. dem eigenen Rumtopf vgl. Rezept „Rumtopf" unter „Süße Saucen")
50 g Rosinen
6 frische Eier
80 g Zucker
1 geh. EL Stärkemehl
1 Pr. Salz
abger. Schale v.
1 unbehandelten Orange
1/8 l warme, aber nicht abgekochte Milch
2 EL Pistazien, grob geschnitten
etwas Fett für die Form
3 gestrichene EL Zucker

Bananenauflauf mit Streuseln

Als Nachtisch oder zum Nachmittagskaffee. Warm oder kalt sevieren.

Zubereitung:

① Feuerfeste Form einfetten.
② Geschälte und in Scheiben geschnittene Bananen in die Auflaufform legen.
③ Die geriebene Zitronenschale und die Mandeln oder Nüsse darauf verteilen.
④ Aus Mehl, Zucker, Salz und Fett mit zwei Gabeln (oder mit kalten und etwas Mehl bestäubten Händen) rasch einen Streusel herstellen.
⑤ Die Milch mit der sauren Sahne glatt rühren und über die Früchte gießen.
⑥ Die Streusel gleichmäßig als oberste Schicht verteilen.
⑦ Im vorgeheizten Backofen bei 200 °C 20 Min. backen.

Tipp: Ideal zur beliebigen Verwendung von Obst: Pflaumen, Pfirsiche, Aprikosen, Äpfel, Johannis- oder Erdbeeren.

Zutaten:
(für 4 Personen)

etwas Margarine für die Form
4 Bananen
abger. Schale von
1 unbehandelten Zitrone
125 g Mehl
3 EL Zucker
1 Prise Salz
75 g Butter
75 g gehackte Mandeln od. Nüsse
1/8 l Milch
2 geh. EL saure Sahne

Französische Apfeltorte

(Tarte aux pommes)

Zubereitung:

① Die Butter oder Margarine in das Mehl hacken.
② Die übrigen Zutaten zügig einarbeiten, zum Teig kneten und zur Kugel formen, ca. 1 Std. kalt stellen.
③ Eine Tortenbodenform mit Margarine einfetten.
④ Den Teig rund ausrollen, etwas größer als der Boden der Form.
⑤ Die Form mit dem Teig auslegen und den Rand hochdrücken.
⑥ Tortenboden mehrmals mit einer Gabel einstechen; falls ein sehr heller Tortenboden gewünscht wird, vor dem Backen einen Bogen Alufolie über das Backgut legen.
⑦ Im vorgeheizten Backofen etwa 12-15 Min. bei 200 °C backen .
⑧ Die Äpfel schälen, entkernen und in Scheiben schneiden.
⑨ Den Tortenboden ziegelförmig damit belegen.
⑩ Mit Zucker bestreuen.
⑪ Bei 180 °C noch 15 – 20 Min. weiterbacken.
⑫ Konfitüre mit 1 EL heißem Wasser glatt rühren und die Äpfel damit überstreichen.
⑬ Die Torte wird noch warm serviert.

Variante: 4 Eigelb mit 100 g Zucker und dem Saft einer Zitrone verquirlen und unter Rühren 50 g Butterflocken eingeben. Die Masse über die Äpfel giessen, dann ausbacken.

Zutaten
(für 6 Personen):

a) Teig:
100 g Butter od. Margarine
250 g Mehl
1 Ei
1 P. Vanillezucker
3 EL Zucker
1 Prise Salz
1/2 TL Backpulver
2 EL Wasser
etwas Fett für die Form

b) Belag:
5 säuerliche Äpfel
90 g Zucker
200 g Aprikosenkonfitüre

Eis, Parfaits und Sorbets

EIS

Von den Zutaten ausgehend, können wir die Eisspeisen in zwei große Gruppen einteilen: Eis aus Milch, Sahne oder Joghurt und Eis aus Fruchtsäften. Auch die Zubereitung im Haushalt lässt zwei Einteilungen zu: Die Herstellung im Tiefkühlfach oder in der Eismaschine (Sorbetiére)

PARFAIT (oder Halbgefrorenes)

Ein Parfait ist ein Speiseeis, das aus Sahne, Eiern, Zucker und Geschmackszutaten hergestellt wird. Nach den Geschmackszutaten erhält das Parfait seinen Namen (z. B. Zimtparfait). Beim Einfrieren sollte ein Parfait – im Gegensatz zum Sorbet – nicht gerührt werden. Das klassische Parfait wird in einer Kastenform eingefroren. Als Halbgefrorenes wird es dann gestürzt und in Scheiben geschnitten serviert. Die Kristallstruktur des Eises soll sichtbar sein.

SORBET

Ein Sorbet ist eine leicht geeiste Süßspeise aus Fruchtpüree oder Fruchtsaft oder aus Wein, Likör, Champagner oder deren Mischungen. Beim Einfrieren sollte es häufig umgerührt werden; hierfür eignet sich eine Eismaschine besonders gut. Die Konsistenz sollte nach Fertigstellung so beschaffen sein, dass das Sorbet mit einem Löffel als weiche erfrischende Masse zu essen ist. Am häufigsten aber serviert man ein Sorbet in Gläsern mit Champagner, Sekt, Wein oder Mineralwasser aufgefüllt. Es wird entweder als spritziger Begrüßungstrunk oder als willkommene Erfrischung zwischen zwei Menügängen gereicht.

GRANITÉ

Der Vollständigkeit halber sei hier noch das GRANITÉ erwähnt. Ein Granité wird aus Wein oder aus säuerlichen Früchten oder aus schwach gesüßten Fruchtsäften hergestellt. Beim Einfrieren kristallisiert es grobkörnig aus. Das gefrorene Eis kratzt man mit einem Schaber aus dem Behälter, sodass es wie gestoßenes Eis aussieht.

Vanilleeis

Zubereitung:
① Eigelb, Zucker und Vanillezucker schaumig rühren, Milch langsam dazugeben.
② Schüssel in ein heißes Wasserbad stellen und so lange mit einem elektrischen Rührgerät schlagen, bis die Masse dickschaumig ist.
③ Schüssel kalt stellen.
④ Sahne steif schlagen und unter die kalte Creme ziehen.
⑤ Creme in eine Gefrierschale füllen und etwa 3 Std. in das Gefriergerät stellen.

Zutaten:
(für 4 Personen)
3 Eigelb
65 g Zucker
2 Pck. Vanillezucker
1/4 l Milch
1/4 l Sahne

Variante 1:

Mokkaeis
Zur Schaummasse des Vanilleeis 2 EL Pulverkaffee geben. Weitere Verarbeitung wie bei Vanilleeis.

Variante 2

Schokoladeneis
Rezept wie Vanilleeis, dann 50 g Zartbitterschokolade schmelzen und in die Milch dazu geben. Fertig stellen wie Vanilleeis.

Reines Fruchteis

Zubereitung:
① Zucker und Wasser 5 Min. kochen und erkalten lassen.
② Fruchtsaft oder Fruchtmark damit mischen und in Gefrierschale füllen.
③ 2-3 Std. in die Tiefkühltruhe stellen.

Zutaten:
(für 4 Personen)
125 g Zucker
1/4 l Wasser
1/4 l Fruchtmark od. Fruchtsaft (z.B. Erdbeeren, Kirschen, Zwetschgen, Himbeeren, Johannisbeeren, Zitronen- od. Orangensaft)

Tipp: Wenn das Fruchteis während des Gefrierens nicht gerührt wird, zeigt es eine grobe Kristallstruktur.

Gemischtes Fruchteis

Zutaten:
(für 4 Personen)

1 Eigelb
75 g Zucker
300 g Fruchtpüree
1/8 l süße Sahne

Zubereitung:

① Eigelb mit der Hälfte des Zuckers schaumig rühren.
② Früchte mit dem restlichen Zucker pürieren und mit dem Eigelb vermischen.
③ Sahne steif schlagen und unter die Fruchtmasse heben und in einer Gefrierschale in das Gefriergerät stellen.
④ Gefrierdauer etwa 2 Std.

Mokkaparfait

Zutaten:
(für 4 Personen)

1/8 l starker Mokka
3 Eigelb
100 g Zucker
1 Prise Zimt
2 EL flüssiger Honig
2 EL Weinbrand
1/4 l Sahne

Zubereitung:

① Einen starken Mokka bereiten
② Eigelb, Zucker, Honig und Zimt über einem Wasserbad dickcremig aufschlagen und unter weiterem Rühren erkalten lassen.
③ Mokka und Weinbrand darunter rühren.
④ Die Sahne steif schlagen und unter die Masse heben.
⑤ Parfaitmasse in eine mit Alufolie ausgekleidete Kastenform füllen und im Tiefkühlgerät 2-3 Std. gefrieren lassen.
⑥ Das Parfait stürzen und in 2-3cm dicke Scheiben schneiden.

Serviervorschlag:
Das Parfait auf Desserttellern anrichten und mit Schokoladenraspeln und Schlagsahne garnieren.

Orangen-Campari-Sorbet

Zubereitung:

① Wasser, Zucker und Orangenschale 4 Min. kochen lassen, abkühlen.
② Zitronen- und Orangensaft, Weißwein und Campari mit dem Sirup mischen.
③ Eiweiß mit dem Zucker sehr steif schlagen und unter die Sorbetmasse heben.
④ Die Masse sofort in eine Eismaschine (Sorbetiere) oder in ein Gefriergerät geben.
⑤ Während des Einfrierens in einem Gefriergerät muss das Sorbet des öfteren umgerührt werden, damit es cremig bleibt. (Gefrierdauer etwa 1-1 $^1/_2$ Std. je nach Kältegrad des Gerätes)
⑥ Wenn das Sorbet die gewünschte Konsistenz hat, wird es in einen Spritzbeutel mit großer Sterntülle gefüllt und in gekühlte Stielgläser gespritzt.

Zutaten:
(für 4 Personen)

100 ml Wasser
60 g Zucker
1 TL abger. Schale v. 1 unbehandelten Orange
1 EL Zitronensaft
100 ml Orangensaft
$^1/_8$ l Weißwein
7 EL Campari
1 Eiweiß
25 g Zucker

Granité

Zubereitung:

① $^1/_2$ l Kaffee bereiten und mit Zucker süßen.
② In eine flache Gefrierschale füllen und in das Gefriergerät stellen.
③ Während des Gefriervorganges immer wieder umrühren, damit zerbröckeltes Eis entsteht und das Granité nicht im Block einfriert.
④ Zum Servieren das grobkörnige Granité mit einem Löffel in eisgekühlte Gläser füllen.
⑤ Mit geschlagener Sahne dekorieren.

Zutaten:
(für 4 Personen)

$^1/_2$ l starker Kaffee (od. starker schwarzer Tee od. beliebige, aber nur wenig gesüßte Fruchtsäfte)
20 g Zucker
$^1/_4$ l Schlagsahne

Variante:

Granité aus Granatäpfeln

ein krönender Abschluss etwa eines Weihnachtsmenüs.

$^1/_8$ l Rotwein, 60 g Zucker, 200 ml Saft von etwa 3 Granatäpfeln und 1 EL Zitronensaft. Alle Zutaten miteinander mischen und einfrieren.

Preiselbeersorbet

Zutaten:
(für 4 Personen)

100 g Zucker
2 EL Wasser
4 EL Preiselbeerkonfitüre
1/4 l Rotwein
1 Eiweiß
1 TL Zucker

Zubereitung:

① 80 g Zucker und 2 EL Wasser zu leichtem Sirup kochen.
② Preiselbeerkonfitüre und Rotwein zum Sirup geben.
③ Eiweiß mit dem restlichen Zucker steif schlagen und unter die Sorbetmasse heben.
④ Masse in eine Eismaschine oder in eine Gefrierschale füllen.
⑤ Während des Einfrierens in einem Gefriergerät des öfteren umrühren.
⑥ Wenn das Sorbet die gewünschte Konsistenz hat, mit einem Eisportionierer Kugeln auf Dessertteller legen und sofort servieren.

Tipp: Sorbetkugeln in Sektschalen geben und mit Sekt auffüllen.

Zitronensorbet

Zutaten:
(für 4 Personen)

3/8 l Wasser
175 g Zucker
Saft von 2 Zitronen
abger. Schale von 1/2 unbehandelten Zitrone
4 EL Weißwein
1 Eiweiß
1 geh. EL Puderzucker

Dekoration:
einige Stückchen Pfefferminz-Schokolade

Zubereitung:

① Das Wasser mit dem Zucker und der Zitronenschale aufkochen und durchsieben.
② Zitronensaft und Weißwein hinzufügen und das Ganze abkühlen lassen.
③ Danach im Gefrierschrank tiefkühlen.
④ Inzwischen Eiweiß mit dem Puderzucker steif schlagen; dieser Zucker-Eischnee wird in das tiefgekühlte Sorbet untergemischt, solange es noch nicht festgefroren ist.
⑤ Das Sorbet weiter ca. 1 Std gefrieren lassen.
⑥ Dann kräftig durchrühren, in Portionsgläser füllen und mit der Minzschokolade garnieren.

Himbeerparfait

Zutaten:
(für 6 Personen)

250 g Himbeeren
175 g Zucker
100 ml Wasser
1 Ei
5 Eigelb
2 EL Himbeergeist
400 g Sahne

Zubereitung:

① Himbeeren vorsichtig waschen, einige Früchte abnehmen und zur Seite stellen.
② Himbeeren leicht zerdrücken und mit 50 g Zucker mischen.
③ Restlichen Zucker und Wasser aufkochen.
④ Ei und Eigelb verquirlen und unter Rühren den Sirup dazu geben.
⑤ Eimasse auf einem Wasserbad weiterschlagen, bis sie dicklich wird.
⑥ Himbeeren durch ein Sieb passieren und zu der etwas abgekühlten Eimasse geben.
⑦ Sahne steif schlagen und mit dem Himbeergeist unter die Parfaitmasse ziehen.
⑧ In eine Kastenform füllen und etwa 4 Std. einfrieren.
⑨ Parfait stürzen, in Scheiben schneiden und auf Dessertteller anrichten, mit den zurückgelassenen Himbeeren verzieren.

Tipp: Falls das Parfait schon am Vortag zubereitet wurde, muss es mindestens 20 Min. vor dem Servieren aus dem Gefriergerät genommen werden.

Zimtparfait

Zubereitung:

① Milch und Vanillezucker erhitzen.
② Eigelb und Puderzucker schaumig rühren
③ Die heiße Milch unter ständigem Rühren in die Eimasse geben.
④ Auf einem Wasserbad die Ei-Milch-Mischung solange weiterschlagen, bis sie dickcremig wird.
⑤ Zimt und Rum einrühren und kalt stellen
⑥ Sahne steif schlagen und unter das Parfait heben.
⑦ Masse in eine Kastenform geben und etwa 2 Std. einfrieren.
⑧ Form stürzen, Parfait in Scheiben schneiden und auf Desserttellern anrichten.

Zutaten:
(für 4 Personen)

100 ml Milch
1 Pck. Vanillezucker
3 Eigelb
75 g Puderzucker
2 TL gem. Zimt
3 EL Rum
$^{1}/_{4}$ l Sahne

Serviervorschlag:
Als Beilage eignen sich Birnen- oder Pflaumenkompott oder frische Feigen.

Süße Saucen

Süße Saucen geben manchem Nachtisch erst die rechte Krönung. Denken wir nur an die luftige Weinschaumsauce oder an die Vanillesauce, die uns schon seit Kindertagen begleitet. Saucen sind oftmals auch willkommene Farbtupfer, die durch ihre Vielfalt und Kombinationsmöglichkeiten so manches Dessert zu einer Augenweide werden lassen. Saucen sollen den Geschmack einer Speise ergänzen, aber nicht überdecken.

Feine Vanillesauce

etwas zeitaufwändig, aber lohnend

Zutaten:
(für 4 Personen)

1 Vanilleschote
1/4 l Milch
80 g Zucker
3 Eigelb
1 Ei

Zubereitung:

① Wasserbad vorbereiten.
② Aufgeschlitzte Vanilleschote, die Milch und die Hälfte des Zuckers aufkochen, Vanilleschote entfernen.
③ Ei und Eigelb in einer Schlagschüssel aus Metall schaumig rühren, nach und nach den restlichen Zucker einrieseln lassen.
④ Schüssel in das Wasserbad hängen und die heiße Vanillemilch dazugießen, weiterschlagen, bis die Masse dickcremig ist.
⑤ Die Sauce in einer Schüssel im Eiswasser unter gelegentlichem Rühren abkühlen lassen.
⑥ Vanillesauce lauwarm oder gut gekühlt servieren.

Tipp: Vanillesauce passt gut zu Roter Grütze, Obstsalaten, verschiedenen Flammeris und Puddingen und Äpfeln im Schlafrock.

Tipp: Vanillesauce lässt sich leicht in eine Schokoladensauce abwandeln: Die Zutaten werden durch 1 EL Zucker und 1 EL Kakao ergänzt.

Zimt-Honig-Sauce

Zutaten:
(für 4 Personen)

1 Ei
1 Eigelb
20 g Zucker
$^{1}/_{2}$ TL gem. Zimt
80 g flüssigen Honig
$^{1}/_{8}$ l Weißwein
$^{1}/_{8}$ l Sahne
2 EL Weinbrand

Zubereitung:
① Wasserbad vorbereiten.
② Ei, Eigelb, Zucker, Zimt und flüssigen Honig gut miteinander verrühren.
③ Schüssel auf Wasserbad setzen, die Hälfte des Weins zugeben und alles cremig schlagen, dabei den restlichen Wein nach und nach zufügen.
④ Sauce aus dem Wasserbad nehmen.
⑤ Sahne halb steif schlagen und unter die noch heiße Sauce ziehen.
⑥ Mit Weinbrand und falls erforderlich auch noch mit Zimt abschmecken.
⑦ Heiß servieren.

Tipp: Sauce passt gut zu Vanilleeis oder -flammeri oder zu Kompott aus hellfleischigen Früchten wie Pfirsichen, Aprikosen und Birnen.

Himbeersauce

Zutaten:
(für 4 Personen)

250 g frische od. tiefgefrorene Himbeeren
Saft von $^{1}/_{2}$ Zitrone
50 g Puderzucker

Zubereitung:
① Himbeeren vorsichtig waschen und abtropfen lassen, durch ein Sieb passieren (gefrorene Früchte erst auftauen lassen).
② Fruchtmus mit Zitronensaft und Zucker gut verrühren.

Tipp: Genau so zu Saucen verarbeiten lassen sich: Erdbeeren, Blaubeeren und Johannisbeeren.

Schokoladensauce

schnell herzustellen

Zubereitung:

① Schokolade im Wasserbad langsam schmelzen
② Sahne vorsichtig unterrühren
③ Mischung solange schlagen, bis eine cremige Masse entstanden ist.
④ Die Sauce warm oder kalt servieren.

Zutaten:
(für 4 Personen)

100 g Zartbitterschokolade
200 g süße Sahne

Tipp: Schokoladensauce passt gut zu gekochten Birnen, Flammeris und Cremespeisen.

Karamellsauce

Zubereitung:

① Speisestärke, Eigelb und Vanillezucker mit 2 EL Milch (von der angegebenen Menge genommen) verrühren.
② Zucker in einem Kochtopf (offener Deckel) bräunen lassen und mit dem kochendem Wasser ablöschen.
③ Milch dazugeben und die angerührte Speisestärke einrühren und aufkochen lassen.

Zutaten:
(für 4 Personen)

100 g Zucker
$^1/_8$ l kochendes Wasser
$^1/_2$ l Milch
40 g Speisestärke
1 Eigelb
1 Pck. Vanillezucker

Tipp: Zu Flammeris oder Cremespeisen reichen.

Rumtopf

Die bekannteste Art, Früchte mit Zucker und Alkohol auf köstliche Art haltbar zu machen, ist der Rumtopf. Der Zucker entzieht den Früchten Wasser und der hochprozentige Alkohol tötet Bakterien ab. Die Früchte erhalten in dieser Konservierung einen unnachahmlich feinwürzigen Geschmack und lassen sich in viele Desserts einbringen. Fast alle Obstarten eignen sich für den Rumtopf, allerdings haben sich Äpfel, Brombeeren, Johannisbeeren, Stachelbeeren, Himbeeren, Heidelbeeren und Weintrauben als nicht so günstig erwiesen, u. a. weil sie sich zu schnell zersetzen.

Tipp: Normaler Haushaltszucker kann auch durch braunen Kandis ersetzt werden: interessante Geschmacksvariante

Grundrezept zum Ansetzen eines Rumtopfes:

① 1 kg Obst (mit nur einer Sorte beginnen, z.B. mit entsteinten Sauerkirschen)

② 1/2 bis 1 kg Zucker (je höher der Zuckeranteil, desto länger die Haltbarkeit, aber desto süßer die Früchte)

③ 3/4 – 1 Liter 54%iger Rum

Geeignete Gefäße für den Rumtopf sind hohe, mit Deckel verschließbare Steingut- bzw. Keramiktöpfe mit etwa 5 l Fassungsvermögen. Obst und Zucker werden lagenweise eingefüllt, man lässt alles zugedeckt stehen, bis sich Saft gebildet hat, dann erst wird der Alkohol daraufgegossen, sodass die Früchte vollends bedeckt sind.

Nach dem ersten Ansetzen bleibt der Rumtopf bis zur ersten Kostprobe etwa 6 Wochen lang gut verschlossen und kühl stehen. Beim Einfüllen der nächsten Saisonfrüchte werden auch wieder Zucker und Rum zugesetzt, allerdings nicht mehr im Verhältnis 1:1:1, sondern eher 1: 1/2: 1/4.

Tipp: Das reife Obst wird der Jahreszeit entsprechend eingefüllt. Es muss einwandfrei, sauber gewaschen und gut abgetropft sein.

Tipp: Sollte der Inhalt des Rumtopfes zu gären beginnen, kann ein Schuss 98%iger Alkohol Abhilfe schaffen, allerdings nur im Anfangsstadium des Gärens.

Tipp: Stückchen von vollreifen Honigmelonen, mittelgroße Erdbeeren oder Ananas aus der Dose sind eine schöne geschmackliche und optische Ergänzung des Rumtopfes.

Tipp: Aprikosen, Pfirsiche, Pflaumen, Mirabellen und Kirschen werden vor dem Einlegen entsteint, Aprikosen und Pfirsiche auch enthäutet.

Zutaten:
(für 4 Personen)

2 Eigelb
1 Ei
100 g Zucker
200 ml Weißwein

ein Klassiker der internationalen Küche:

Feine Weinschaumsauce

Zubereitung:

① Wasserbad vorbereiten.
② Eigelb, Ei und Zucker in einer für das Wasserbad geeigneten Schüssel cremig, aber nicht schaumig rühren, den Wein dazugeben
③ Schüssel auf das Wasserbad stellen und mit den Quirlen des elektrischen Handrührgerätes so lange schlagen, bis sich ein gleichmäßiger fester Schaum gebildet hat.
④ Die Sauce sofort auf Desserttellern oder in Gläsern anrichten oder über die Cremespeise gießen.
⑤ Falls die Sauce kalt gereicht werden soll, stellt man sie in eine Schüssel mit Eiswasser, dabei muss sie gerührt werden.

Zutaten:
(für 4 Personen)

$^1/_2$ l frisch gepresster Orangensaft (unbehandelte Früchte)
4 Stück Würfelzucker
40 g Zucker
1 TL Speisestärke
1 EL Orangenmarmelade
2 El Orangenlikör

Orangensauce

Zubereitung:

① Orangen auspressen und durchsieben (Orangenmenge hängt von der Größe und Ergiebigkeit der Früchte ab).
② Würfelzucker an unbehandelter Orangenschale reiben, bis der Zucker rundum gelblich gefärbt ist.
③ Speisestärke mit 2 EL Orangensaft anrühren.
④ Restlichen Saft, Würfelzucker und Zucker erhitzen, die Speisestärke einrühren und kurz aufkochen lassen.
⑤ Topf von der Platte nehmen, Sauce mit Orangenmarmelade und Likör abschmecken.
⑥ Heiß oder kalt servieren.

Tipp: Sauce passt gut zu Vanilleeis, Vanille- oder Grießflammeri und zum Marzipanreis.

Desserts mit berühmten Namen

Touristen wollen Napoleons Räume auf Elba sehen, Elvis-Presley-Fans ersteigern Utensilien ihres Idols, Wanderer besteigen den höchsten Berg im Harz über den Goethe-Weg. Wer möchte da nicht ein Dessert wie die Fürst-Pückler-Speise auf den Tisch bringen oder das festliche Essen mit einer Welfenspeise abrunden?

Eine Speisekarte, eine Menüfolge, die sich mit berühmten Namen schmückt, ist allemal attraktiv und verheißungsvoll.

Quarkspeise
nach Fürst-Pückler-Art

Graf Hermann von Pückler aus Muskau/Lausitz (1785 – 1871) war eine der schillerndsten Persönlichkeiten seiner Epoche. Als Großgrundbesitzer und begeisterter Landschaftsgärtner war er zugleich Literaturliebhaber und Weltenbummler. Vielleicht liegt es an der Vielfalt seiner Interessen, dass die nach ihm benannten Süßspeisen immer den Dreiklang von Weiß, Rosa und Hellbraun enthalten, sei es nun die beliebte Eisbombe, die Fürst-Pückler-Eistorte oder die Quarkspeise nach Fürst-Pückler-Art...

Zutaten:
(für 4 Personen)

500 g Speisequark (40% Fettgehalt)
3/8 l Milch
eine Prise Salz
3 EL Gelee von Johannisbeeren od. Himbeeren
3 Blatt rote Gelatine
1 Pck. Vanillezucker
80 g Zucker
Saft v. 1 Zitrone
3 Blatt weiße Gelatine
80 g Zartbitterschokolade (fein gerieben)
geh. EL ger. Haselnusskerne
1 EL Kirsch od. Himbeersirup
3 Blatt weiße Gelatine

Dekoration:
Kirschen und Raspelschokolade

Zubereitung:

① Quark, Milch und Salz cremig rühren, in drei gleiche Portionen teilen.
② Johannisbeer- bzw. Himbeergelee unter die erste Portion rühren.
③ Gelatine nach Vorschrift einweichen, ausdrücken, in der Kasserolle auflösen und unter den Quark rühren.
④ Die zweite Portion mit Vanillezucker, Zucker und Zitronensaft vermengen, die weiße Gelatine nach Vorschrift zubereiten und in dünnem Strahl in die Quarkmasse einarbeiten.
⑤ Die dritte Portion Quark wird mit der Schokolade, den Nüssen und dem Sirup vermengt und wiederum mit der zugehörigen aufgelösten Gelatine verrührt.
⑥ Zuerst wird die rosafarbene Quarkmasse in eine Glasschale gefüllt und glatt gestrichen.
⑦ Im Kühlschrank leicht erstarren lassen.
⑧ Die helle Quarkcreme und schließlich die dunkle dritte Portion einschichten.
Im Kühlschrank einige Stunden fest werden lassen.
Vor dem Servieren mit Schokoladeraspel, Kirschen, evt. auch mit Schlagsahne dekorieren.

Birne Helene

Eine Leckerei aus Eis und Obst, die wohl wegen ihres schönen Aussehens nach der berühmten „Schönen Helena" den Namen erhielt, dem Urbild weiblicher Schönheit. Helena war nach der griechischen Sage die Tochter des Zeus und der Leda, und in Eifersucht um ihre Person soll der Krieg um Troja entfacht worden sein. Zu Zeiten der legendären Helena gab es allerdings noch keine Schokolade und kein Speiseeis.

Zutaten:
(für 4–6 Personen)

$^1/_4$ l Weißwein
50 g Zucker
$^1/_2$ EL abger. Schale v. 1 unbehandelten Zitrone
$^1/_2$ Vanilleschote
4 – 6 große geschälte und entkernte Birnenhälften
$^1/_4$ l Schlagsahne
10 g Honig
100 g Schokoladenkouvertüre
150 g Vanilleeis
1 EL Mandelstifte

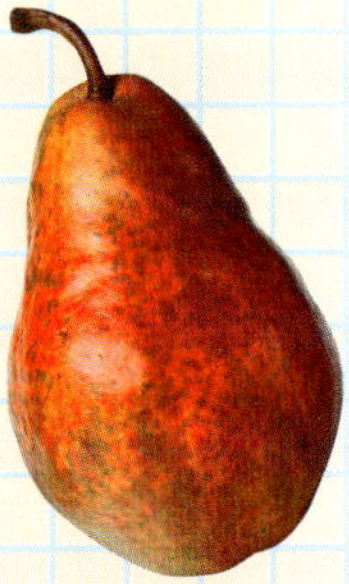

Zubereitung:

① In einem Topf den Weißwein mit dem Zucker, der Zitronenschale und der Hälfte des angegebenen Vanillemarks aufkochen und auf mittlere Temperatur zurückschalten.
② Die vorbereiteten Birnen in den Wein legen und in ca. 2 Min. glasig dünsten, ggf. einmal wenden. Die Birnen müssen noch bissfest sein, sie bleiben in dem Topf zum Abkühlen liegen.
③ In einem anderen Topf die Sahne mit dem Honig und der restlichen Vanilleschote bis fast zum Kochen bringen und vom Herd nehmen. Die Vanilleschote entnehmen.
④ Im Wasserbad wird die Kouvertüre nach Vorschrift zum Schmelzen gebracht.
⑤ Nun wird die Sahne mit der Kouvertüre vermengt.
⑥ Die Birnen auf Küchenpapier abtropfen lassen, danach auf Portionsteller legen.
⑦ Jede Birnenhälfte mit einer Kugel Vanilleeis belegen, das Ganze mit Schokoladensoße übergießen.
⑧ Mit den Mandelsplittern garnieren.

Charlotte Malakoff

Diese Dessert-Kreation stammt aus St. Petersburg, sie war am Zarenhofe auf dem Speiseplan. Ihre Original-Zubereitung ist an die Charlotte oder Timbale gebunden, eine gradwandige, konische, hohe und möglichst feuerfeste Form; denn man verwendet sie sowohl in der kalten als auch in der warmen Küche. Da in den sog. feinen Kreisen der damaligen russischen Gesellschaft Französisch gesprochen wurde, gelangte das Rezept nach Frankreich und führte zum Streit, wer es denn nun erfunden hätte.

Zutaten:
1 Pck. Löffelbiskuits
100 g Butter
100 g Puderzucker
100 g ger. Mandeln
2 cl Kirschwasser
ausgeschabtes Mark von Vanilleschote
250 g Sahne

Dekoration:
Pistazien od. Maraschinokirschen

Zubereitung:

① Den Rand und evtl. auch den Boden einer Charlotte-Form mit Löffelbiskuits belegen. (Wenn nur der Rand mit Biskuits ausgekleidet werden soll, muss der Boden der Form mit rundgeschnittener Alufolie oder Pergamentpapier ausgelegt werden.)
② Weiche Butter mit dem gesiebten Puderzucker, den Mandeln, dem Kirschwasser und Vanillemark vermischen uns schaumig rühren.
③ Steif geschlagene Sahne vorsichtig unterheben.
④ Die lockere Masse in die Form geben und glatt streichen.
⑤ Einige Stunden gut durchkühlen lassen.
④ dann auf eine Platte stürzen und dekorieren.

Reis Trauttmansdorff

Die Familie von Trauttmansdorff-Weinsberg mit ihrem Stammsitz in der Nähe von Meran/Südtirol ist stolz auf ihre jahrhundertelange Tradition. Vor ca. 1 500 Jahren soll sich am heutigen Standort von Park und Schloss die armselige Behausung des Blumenheiligen Valentin befunden haben. Das heutige Schloss beherbergt eine berühmte Gastronomie, von der aus besagte Dessert-Reis seinen Siegeszug in die Welt antrat.

Zutaten:
(für 5 Personen)

1/2 l Milch
125 g Rundkornreis
1/2 Vanillestange
4 Blatt weiße Gelatine
150 g abgetropfte Kompottfrüchte (oder auch kandierte Früchte (z.B. Kirschen od. Orangenscheiben)
100 g frische Kirschen
3 cl Kirschlikör (Maraschino)
70 g Zucker
125 g Schlagsahne

Zubereitung:

① Die Milch erhitzen, ausgeschabte Vanille und schließlich den Reis zugeben.
② Bei kleiner Hitze im geschlossenen Topf ca. 45 Min. quellen lassen.
③ Gelatine in kaltem Wasser einweichen, ausdrücken, in den heißen Reis geben, damit sie sich dort auflöst.
④ Die Früchte klein schneiden, den Zucker zugeben und mit Maraschino beträufeln.
⑤ Den Reis in eine Schüssel geben, die getränkten Früchte untermischen und abkühlen lassen (evtl. im kalten Wasserbad).
⑥ Zuletzt die steif geschlagene Sahne vorsichtig unterheben.
⑦ Über Nacht kalt stellen. Vor dem Servieren die Schüssel kurz in heißes Wasser tauchen und den Reis auf eine Platte stürzen.
⑧ Mit einigen Kirschen dekorieren.

Pfirsich Melba

Nellie Melba (1861–1931), die berühmte australische Sängerin, die aus kleinbürgerlichen Verhältnissen kam und um die Jahrhundertwende zur Diva in London und Paris wurde; nach ihr sind der Melba-Toast benannt und auch das folgende fruchtige Dessert:

Zutaten:
(für 4 Personen)

4 mittelgroße Pfirsiche
100 ml Wasser
75 g Zucker
2 EL Kirschwasser
100 g Himbeeren
2 gestr. EL Puderzucker
500 g Vanilleeis
200 g Schlagsahne
1 geh. EL Mandelstifte

Zubereitung:

① Die Pfirsiche 1 Min. in kochendes Wasser tauchen, dann halbieren und entkernen.
② Das Wasser mit dem Zucker und dem Kirschwasser zum Kochen bringen,
③ dann die Pfirsiche 5 Min. darin dünsten.
④ Die Himbeeren in einer Schüssel mit dem Puderzucker pürieren.
⑤ Das Eis in Kugeln auf die Dessertteller portionieren, die Pfirsichhälften mit der Rundung nach oben darauf legen.
⑥ Das Himbeermus darüber verteilen.
⑦ Die Schlagsahne steif schlagen und zum Garnieren verwenden.
⑧ Die Mandelstifte ohne Fett kurz anrösten und über das fertige Dessert streuen.

Welfencreme

Die Welfen sind das nachweislich älteste Fürstengeschlecht in Europa. Der Stammbaum reicht vom 8. Jahrhundert bis in unsere Zeit. Braunschweig – Lüneburg – Hannover: diese Großräume sind in ihrer Geschichte mit dem Welfenhaus besonders verbunden. Zu besonderen Festtagen wurden hier und da das „Welfenessen" aufgetischt, bei dem es „Viktoria-Louise-Suppe, Welfenbraten und Welfencreme" gab. Die Farben des Welfenhauses „Gelb-Weiß" haben übrigens Pate gestanden für dieses köstliche Dessert, das weit über Norddeutschland hinaus bekannt geworden ist.

Zutaten:

(für 6 Personen)

a) weiße Creme

1/2 l Milch
40 g Zucker
1/2 Vanillestange
40 g Stärkemehl
etwas Wasser zum Anrühren
1 geh. EL Zucker
3 frische Eiweiß

b) gelbe Creme

3–4 frische Eier
1/8 l Weißwein
75 g Zucker
Saft und abger. Schale v. 1 unbehandelten Zitrone
4 Blatt weiße Gelatine

Zubereitung:

a) weiße Creme:

① Die Milch mit der Vanillestange aufkochen.
② Mit etwas kaltem Wasser die Speisestärke anrühren, in die heiße Milch einrühren und etwa 5 Min. quellen lassen.
③ Mit dem Zucker abschmecken.
④ Das Eiweiß zu steifem Schnee schlagen und vorsichtig unter die Creme heben.
⑤ Die weiße Creme in eine Galschale füllen.

b) gelbe Creme (sie ist eine Weinschaumcreme):

① Gelatine nach Vorschrift einweichen und ausdrücken.
② Eier. Weißwein, Zitronensaft, -schale, Zucker und Gelatine miteinander in einer hitzebeständigen Schüssel verrühren.
③ Die Schüssel in ein heißes Wasserbad stellen und die Zutaten so lange kräftig verschlagen, bis die Masse dicklich wird.
④ Etwas abkühlen lassen und auf die inzwischen ausgekühlte weiße Creme auffüllen.

Savarin

Jean-Anthelme Brillat-Savarin, nach dem diese Mischung aus Kuchen und Süßspeise benannt wurde, war ein Gastrosoph von hohen Graden. Seine „Physiologie des Geschmacks“ erschien 1825, sie gilt noch heute als Standardwerk der Feinschmeckerei, obwohl sie nur allgemeine Betrachtungen und fast keine Rezepte enthält. „Die Entdeckung eines neuen Gerichts ist für das Glück der Menschheit von größerem Nutzen als die Entdeckung eines neuen Gestirns“, postulierte Brillat-Severin. Ob er Recht hatte?

Zutaten:
(für 4–6 Personen)
für den Hefeteig:
200 g Mehl
15 g Hefe
2-3 EL Milch
2 frische Eier
1 Eigelb
1 Prise Salz
50 g Zucker
60 g Butter
für den Saft-Sirup:
1/8 l Fruchtsaft od. Wein
je nach Geschmack einige TL Zucker, Rum od. Kirschwasser od. Cointreau
Kompott od. Rumfrüchte

Zubereitung:

① Die Hefe zerbröckeln und in der lauwarmen Milch auflösen.
② Mit den übrigen Zutaten in eine Schüssel geben und zu einem geschmeidigen Teig rühren.
③ Sobald sich Blasen bilden, den Teig in eine ausgefettete Ringform (Ø ca. 23 cm) oder große Gugelhupfform geben.
④ Während etwa 1 Stunde den Teig um das Doppelte aufgehen lassen.
⑤ Im vorgeheizten Backofen (200 °C) 15 – 20 Min. backen (Unterschiene).
⑥ In der Zwischenzeit die Zutaten für den Saft-Sirup mischen, erhitzen (aber nicht kochen) und abschmecken.
⑦ Den noch heißen Savarin aus der Form auf eine runde Platte stürzen, mit einem Hölzchen mehrmals einstechen und mit der heißen Flüssigkeit beträufeln.
⑧ Innen (falls Gugelhupf-Form verwendet wurde) mit Kompott füllen und noch warm servieren.

Bayrische Creme

Das Rezept soll aus Frankreich stammen, allerdings in der Verbindung zu einer bayrischen Herzogstochter, die im 14. Jahrhundert den französischen König heiratete. Sie verfeinerte die ursprüngliche Rezeptur aus Milch, Eigelb und Sahne durch Zusatz von Früchten und Gewürzen. Ihr zur Ehre wurde die Creme dann Crème Bavaroise (Bayrische Creme) benannt.

Zutaten:
(für 6 Personen)

200 ml Milch
1 Vanilleschote od.
  1 Pck. Vanillezucker
2 Eigelb
50 g Zucker
200 ml Schlagsahne
3 Blatt Gelatine

Zubereitung:

① Milch mit der Vanille aufkochen.
② Die Eigelb mit dem Zucker schaumig schlagen.
③ Heiße Milch sehr vorsichtig in die Eigelbmasse einrühren, bis eine Bindung der Masse merkbar wird.
④ Die in Wasser eingeweichte, gut ausgedrückte Gelatine zugeben, glatt rühren und die ganze Masse passieren.
⑤ Während diese Vorcreme abkühlt, die Sahne steif schlagen.
⑥ (Durch Zugabe zur Vorcreme von Mocca, Schokolade, Likör oder Fruchtmark lassen sich nun verschiedene Geschmacksvariationen herstellen.)
⑦ Zuletzt die steife Schlagsahne unter die noch nicht zu kalte Creme ziehen.
⑧ In kalt ausgespülte Portionsschälchen füllen und kalt stellen.

Tipp: Soll die Creme gestürzt werden, die Förmchen kurz in warmes Wasser stellen.

Tipp: Durch die Zugabe und Dekoration mit Fruchtmus (entstanden z.B. aus pürierten Erdbeeren oder Pfirsichen) erhält das Dessert eine besondere farbliche und geschmackliche Note.

Register alphabetisch